Hohenheim
● ● ●

Streiflichter
aus dem Weihnachtsland

Über Nußknacker und
Räuchermännchen,
Engel und Bergleute

Herausgegeben von
Ulrich Frank-Planitz

Hohenheim Verlag
Stuttgart · Leipzig

*Turm der evangelischen Stadtkirche in Glashütte:
Wetterfahne mit Schlägel und Eisen als Symbol des
früheren Bergbaus mit dem sächsischen Wappen
(aus: Siegfried Börtitz, Alte Wetterfahnen,
© E.A. Seemann Verlag, Leipzig 1991).*

© 2005 Hohenheim Verlag GmbH, Stuttgart · Leipzig
Alle Rechte vorbehalten
Satz und Gestaltung: Satz & mehr, Besigheim
Druck und Bindearbeiten: Henkel GmbH, Stuttgart
Printed in Germany
ISBN 3-89850-134-5

Inhalt

Vorwort
Wo liegt das Weihnachtsland? 7

Wilhelm von Kügelgen
Weihnachtsfest unter der Sixtinischen
Madonna 9

Wolf von Metzsch
Ein Ruderboot für die Prinzen 14

Friedrich Nietzsche
»Das ist nur eine matte
Nachahmung« 17

Karl Rauch
Unterm Tisch ist auch noch was 20

Gert Fröbe
Kein rettender Weihnachtsengel 24

Wolfgang Mischnick
Dresdner Stollen bis Ende Januar 36

Erich Kästner
Konkurrenzkampf unterm
Tannenbaum 40

Dieter Zimmer
Eine gebrauchte Kindheit 48

Erich Loest
Mei Arzgebirg 58

Klaus Keßler
Das heilige Leipzig 70

Ulrich Frank-Planitz
Meine Pyramide ist die größte 73

Bernd-Lutz Lange
Lebkuchen im Badeanzug 77

Volkmar Hambeck
»Silber hegten seine Berge« 81

Christoph Grauwiller
Türken, Klöße und Slowaken 104

Michael Schmirler
»Der Keilberg ist am steilsten« 117

Friedrich Barthel
Moosmänner und Zuckermännle ... 120

Quellennachweis 127

Vorwort

Wo liegt das Weihnachtsland?

*Wenn es mitten im kalten Winter
warm wird*

In der kalten Weihnachtszeit ist es nirgendwo wärmer als in Sachsen. Denn dann brennen dort zahllose Kerzen auf Engeln, Bergleuten und Schwibbogen, stehen überall Nußknacker und Räuchermännchen, drehen sich nicht nur in vielen Wohnzimmern kleine und große Pyramiden, sondern zwischen Elbe und Weißer Elster auf mehr als zweihundert Dorf- und Stadtplätzen auch meterhohe Freilandpyramiden. (Geographische Ausnahmen: Eine dieser Ortspyramiden steht in Heringsdorf auf Usedom, eine andere, als Verkaufsstand denaturiert, am Rande des Stuttgarter Weihnachtsmarkts.)

In zahlreichen Kirchen wird Johann Sebastian Bachs Weihnachtsoratorium gespielt, in Leipzig singen die weltbekannten Thomaner, auf dem Dresdner Striezelmarkt gibt es den berühmten Christstollen, und durch Annaberg und Freiberg, Schneeberg, Schwarzenberg und Zwickau ziehen die traditionellen Bergparaden.

Sachsen, besonders aber das »silberne Erzgebirge«, ist das deutsche Weihnachtsland schlechthin. Davon erzählen in diesem Band Gert Fröbe und Erich Kästner, Klaus Keßler und Wilhelm von Kügelgen, Bernd-Lutz Lange und Erich Loest, Wolfgang Mischnick und Friedrich Nietzsche, Dieter Zimmer und andere Autoren.

Sie schildern, wie es früher war und wie sich das Weihnachtsfest in den letzten zwei Jahrhunderten gewandelt hat – eine Entwicklung, die weit über Sachsen hinaus interessiert, seit erzgebirgische Figuren und Dresdner Christstollen sowohl in ganz Deutschland als auch in der Schweiz, Österreich und dem Elsaß heimisch geworden sind und das Weihnachtswunderland populär gemacht haben.

Ulrich Frank-Planitz

Wilhelm von Kügelgen

Weihnachtsfest unter der Sixtinischen Madonna

Der Heilige Abend im 19.Jahrhundert

Acht Tage vor dem Fest pflegte sich der Dresdner Altmarkt mit einem ganzen Gewimmel höchst interessanter Buden zu bedecken, die abends erleuchtet waren und große Augenlust gewährten. Das Glitzern der mit Rauschgolden und Früchten dekorierten Weihnachtsbäume, die hellerleuchteten kleinen Krippen mit dem Christuskind, die gespenstischen Knecht Ruprechts, die Schornsteinfeger von gebackenen Pflaumen, die eigentümlich weihnachtlichen Wachsstockpyramiden in allen Größen, endlich das Gewühl der Käufer und höfliche Locken der Verkäufer, das alles regte festlich auf.

Hier drängten auch wir uns des Abends gar zu gern umher, schwelgten in dem ahnungsreichen Duft der Tannen, der Wachsstöcke, Pfefferkuchen und Striezeln, die in einer den Wickelkindern entlehnten Gestalt, reichlich mit Zucker bestreut, vor allen zahlreichen Bäckerbuden auslagen und Löwenappetit erregten. Nach genauester Prüfung alles Vorhandenen kauften wir dann einige grüne oder rote Wachsstockpyramiden auf Kartenblätter gewickelt, das Stück zu einem Pfennig, sogenannte Pfefferkuchenzangen zu demselben Preis oder ein paar Bogen bunten Papiers, um unsere Privatbescherung damit auszustatten.

Inzwischen konnten wir in unserem Eifer den vom Kalender angegebenen Zeitpunkt nie ganz erwarten und fingen schon an den vorhergehenden Abenden an, in Alköven oder anderen verdachtslosen Winkeln unseren Kram geschmacklos aufzustellen, zündeten einige Wachsstockschnittchen dabei an und überraschten uns dann gegenseitig unaufhörlich, bis der wahre Heilige Abend herankam und uns alle überraschte.

In dem geräumigen Wohnzimmer meiner Mutter stand ein schönes Bild, das, auf einigen Stufen erhöht, den mittleren Teil der Hauptwand fast bis zur Decke füllte. Es war dies eine Kopie des berühmten Dresdner Raphael, die mein Vater unlängst vollendet und meiner Mutter geschenkt hatte. Diese Kopie wurde damals dem Original gleichgestellt. Es schien dasselbe, nur ohne die Mängel, welche Zeit und frühere Verwahrlosung hinzugetan hatten.

Große Summen waren schon für die Vollendung dafür geboten worden, allein mein Vater wollte sich nicht davon trennen; es sollte das Palladium seines Hauses werden, und unter dem himmelreinen Auge dieser Mutter Gottes sollten seine Kinder heranwachsen. Auch knüpften sich sehr selige Kindererinnerungen an dieses Bild, unter dem wir saßen und das ich anzublicken pflegte, wenn die Mutter am Sonntagmorgen aus der Heiligen Schrift vorlas ...

Seinen vollen Zauber entfaltete es indessen erst am Weihnachtsabend, wenn die vielen Kerzen brannten und das magisch beleuchtete, wie von innerem Licht durchglühte Bild zu leben schien. Dieses herrlichen Anblicks erfreuten wir uns zuerst im Jahre 1809, als Volmanns und Senff die ersten Weihnachten mit uns feierten. Die ganze kleine Gesellschaft schien die Augen nicht wieder abwenden zu wollen, und fast hätte es notgetan, uns Kinder zu erinnern, daß es heute noch andere Interessen für uns gäbe.

Unterdessen wir uns nun unseren Tischen nahten und die Herrlichkeiten in Augenschein nahmen, mit denen man uns beschenkt hatte, wurde Senff vermißt. Man hörte aber, daß er gebeten habe, ihm nicht zu folgen, und sieh da! – als die Kerzen des Lichterbaumes im Ersterben waren – da flogen plötzlich die Flügeltüren auseinander, und ein Lichtmeer strahlte uns entgegen.

Senff hatte den Fußboden des großen Vorsaales dicht besetzt mit Hunderten von kleinen Lampen, die er aus Nußschalen gebildet und zu einem riesigen Halbmond vereinigt hatte. In die Höhlung dieses Türkensterns, der wie Pontius ins Kredo in unseren Weihnachtsabend paßte, hatte er die kunstvoll gefertigten Geschenke aufgestellt, die er für uns Kinder gearbeitet hatte: für mich einen Prachtschild mit silbernem Adler, für Alfred einen nicht minder schönen Löwenschild. Der Effekt des Ganzen war sehr überraschend, doch noch nicht genügend für Senffs Erfindungsgabe.

Als man sich satt gesehen, schlug der ideenreiche Künstler der Gesellschaft vor, ihm nach dem Hinterhaus zu folgen. Dort befand sich ein zweiter Vorsaal, der zu den

Gemächern meines Vaters führte, und hier hatte Senff auf der Diele aus kleinen von Papier gemachten Häusern, Palästen und Moscheen die Stadt Konstantinopel aufgebaut. Man konnte nichts Sauberes sehen als diese Papierstadt. Dichtgestreuter weißer Sand bezeichnete das Land, blauer das Meer, das von kleinen Schiffen belebt war.

Nachdem nun Senff die skizzenhafte Erklärung der hervorragendsten Punkte gegeben hatte, bemerkte er, daß Konstantinopel häufig abzubrennen pflege, und damit legte er einen Zunder unter das erste Haus der Vorstadt Percha. Bald brach die Flamme aus, ergriff das nächste Gebäude und die ganze Straße, verzweigte sich nach anderen Straßen, sprang in die Brunnen, die mit Spiritus gefüllt waren, und verbreitete sich in der ganzen Stadt.

Wolf von Metzsch

Ein Ruderboot für die Prinzen

Die Weihnachtsgabe kam in Dresden durchs Schloßfenster

Sehr oft führten die sächsischen Prinzen und ihre Mitschüler vor Weihnachten kleine Theaterstücke auf. So berichtet Wolf von Metzsch in seinem Lebensbild über König Friedrich August III., daß am 23. Dezember 1904 die drei Prinzen ihrem Vater eine Überraschung bereiteten:

… mit einer Aufführung des Weihnachtsfestspieles: »Knecht Ruprecht und die Zwerge« … Prinz Friedrich Christian spielte die Rolle des Knecht Ruprecht, der Kronprinz den Tannenfäller, Prinz Ernst Heinrich das Funkengeistchen, ihre Schulkameraden stellten die Zwerge dar. Schon tags zuvor hatte vor dem Hofstaate und den Eltern der Mitschüler die Generalprobe stattgefunden; es klappte denn auch im entscheidenden Moment alles aufs beste. Später sangen noch die beiden ältesten Prinzen das Lied »O Tannenbaum«, und Prinz

Friedrich Christian trug auf der Violine das Lied vor: »Der Christbaum ist der schönste Baum.«

Das war das Weihnachten, welches die Prinzen ihrem erlauchten Vater bereiteten. Aber auch er hatte seine Überraschungen, und die schönste bildete am Weihnachtsabend ein Ruderboot für die Prinzen, das sie sich schon lange gewünscht hatten, waren sie doch herangewachsen am schönen Elbstrom, der lockend mit seinen Wellen immer an ihrem Heim vorbeiflutete.

Dies Ruderboot hatte aber, so wird erzählt, als Weihnachtsgabe einen ganz kapitalen Fehler, es war zu lang, um durch die Türen und Korridore des Schlosses befördert zu werden, und als man dies dem Könige mitteilte, erklärte er sehr entschieden, das Ruderboot müsse herein und dürfe bei der Bescherung nicht fehlen, sie würde ihm sonst gar keine Freude machen. Und das Ruderboot kam herein, der König soll selbst mit Hand angelegt haben, als es schließlich auf dem nicht gewöhnlichen Wege durch ein Fenster befördert wurde.

Die Erfüllung des großen Wunsches regte nun bei den Prinzen mächtig natürlich auch das Begehren an, am liebsten gleich das schmucke Fahrzeug zu benützen. Und so entstand, weil das Winterwetter um Weihnachten sich halbwegs mild zeigte, der Vorschlag, am ersten Feiertag vom Bootshause des Dresdener Rudervereins in Blasewitz aus eine Fahrt nach Wachwitz zu unternehmen. Freilich nicht gleich mit dem neuen Ruderboot, denn unser König hat selbst als Knabe erlebt, wie ihm ein solches Fahrzeug mitten auf dem Strom umschlug, so daß er sich schwimmend retten mußte.

Nach kurz vorher erfolgter Anmeldung traf Seine Majestät mit den Prinzen in Blasewitz ein, besichtigte dann, empfangen von drei Vorstandsmitgliedern, den reichen Bootsbestand und bestieg hierauf mit Prinz Ernst Heinrich den Doppelskuller »Kleeblatt«, der am Steuer das Rautenbanner führte, während die älteren Prinzen an Bord der »Arche« gingen. Das war eine lustige Winterfahrt auf der Elbe bis Wachwitz, von wo nach dem Einnehmen des Kaffees die Rückreise nach Dresden mittels Hofequipage erfolgte …

Friedrich Nietzsche

»Das ist nur eine matte Nachahmung«

Weihnachtsbrief aus Bonn an Mutter und Schwester

Vor Weihnachten 1864

Mein Wunsch ist, daß Ihr das kleine Paketchen erst am Weihnachtsabend aufschnürt, damit Ihr doch eine kleine Überraschung habt, vielleicht auch nur eine Enttäuschung. Meine Bitte ist: nehmt fürlieb, ich gebe Euch von dem Besten, was ich vermag, aber das ist nicht viel. Ihr werdet meine Mühe und meinen Fleiß daran erkennen; immer dachte ich dabei an Euch, und wünschte den Moment bei Euch zu sein, wo Ihr Euch vielleicht darüber freut.

»Und solche liebliche Gedanken laben,
Die Arbeit selbst; ich bin am müßigsten,
Wenn ich sie tue«

so heißt es in Shakespeares Sturm, und so heißt es auch bei mir; müßige Arbeit und arbeitsvolle Muße!

Was sollte ich Euch auch geben, wenn nicht etwas Eigenes, etwas, worin Ihr mich im Bilde wieder seht. Darum habe ich auch noch den Schattenriß meines jetzigen Äußern vorankleben lassen, damit Ihr meine Gabe gern in die Hand nehmt und vielleicht auch oft.

Ihr merkt es schon, daß ich mit einer gewissen Eitelkeit von meinem Werkchen spreche und es hat doch seinen ganzen Zweck verfehlt, wenn es Euch nicht gefallen sollte. Wenn Ihr nur einen Christbaum mit Lichtern habt! Denn es muß sich hübsch ausnehmen im Lichterglanz. Ich werde an dem Christabende natürlich lebhaft an Euch denken und Ihr jedenfalls auch an mich.

Es ist zwar recht gemütlich in meiner Wohnung, und ich will auch jenen Abend sehr angenehm verleben. Auch wir werden uns auf der Kneipe einen Lichterbaum anzünden, auch wir werden uns gegenseitig kleine Geschenke machen. Aber freilich, das ist nur eine matte Nachahmung einer heimatlichen Gewöhnung, an der eben die Hauptsache, die Familie, der Kreis der Verwandten fehlt ...

Wißt Ihr noch, wie gemütlich wir zusammen das vorige Weihnachten in Gorenzen verlebt haben? Sagte ich nicht damals, daß wir über ein Jahr wahrscheinlich nicht beisammen sein würden? Das ist nun eingetroffen. Es war schön in Gorenzen: das Haus und das Dorf im Schneefall, die Abendkirchen, die Melodienfülle in meinem Kopf, der Onkel Oskar, das Bisamfell, die Hochzeit und ich im Schlafrock, die Kälte und vieles Lustige und Ernste. Alles zusammen gibt eine angenehme Stimmung. Wenn ich meine »Sylvesternacht« spiele, höre ich diese Stimmung aus den Tönen heraus ...

Nun lebt für heute recht wohl, genießt das schöne Fest und denkt meiner immer und besonders am Festabende gern und oft!

Karl Rauch

Unterm Tisch ist auch noch was

*Der frühere Leipziger Verleger über
seine Kindheit*

Einmal, zu der Zeit, als wir bereits begriffen hatten, daß weder Christkind noch Weihnachtsmann, sondern die Eltern es waren, deren Liebe und Mühe wir die Fülle der Geschenke zu danken hatten, überfiel meinen damals wohl elfjährigen Bruder Fritz die brennende Neugier, möglichst genau zu ermitteln, welche Geschenke seiner warteten und ob seine Wünsche alle erfüllt werden würden.

Wir Kinder beobachteten, daß Paket um Paket und auch manche Kiste, die durch die Post oder von Boten gebracht wurden, schnell in der »guten Stube« verschwanden, die in der Vorweihnachtszeit dauernd verschlossen war. Fritz nahm sich den jüngeren Erich zu Hilfe. Die zwei Jungen machten eine Zeit ausfindig, zu der des Lüftens wegen ein Fenster des geheiligten Raumes offen stand, stiegen – einer den andern stemmend und ziehend – vom Garten her ein und kramten suchend und spähend in den aufgestapelten Dingen herum, die auf den Weihnachtstag warteten.

Beobachtet hat sie bei dem vorwitzigen Unternehmen seltsamerweise niemand, aber die Eltern stellten alsbald fest, daß da Fußstapfen und andere Spuren zurückgeblieben waren. Versuchtes Leugnen hielt nicht lange durch. Der kleine Mitläufer kam mit einer Verwarnung davon, dem Anstifter aber trug's zunächst eine Tracht Prügel ein und dazu die lähmende Ankündigung, daß ihm diesmal gar nichts beschert werden solle. Mit verstörtem Blick und verbissener Miene ist er während der nächsten Tage herumgelaufen. Sichtlich wurde er von einem Tage zum andern scheuer und betretener, weil alle vielseitigen, gutmütigen und listigen Versuche, beim Vater Vergebung zu erwirken, erfolglos blieben.

Am Weihnachtstage selbst war er ganz gegen seine Natur still wie ein Engel – fast fromm. Beim Singen vor der Tür des Weihnachtszimmers hielt er sich geduckt in einer Ecke und trat als letzter in den Glanz der Kerzen. Während alle anderen mit viel Jubel und Lärm an ihre Plätze traten und sich ins Betrachten und Befühlen der Gaben versenkten, stand er da – trotzig, mit zusammengekniffenem Blick, die Hände in den Taschen, Tränen des Zorns und wohl auch der Wut gegen sich selber in den Augen – und starrte auf den ausgesparten leeren Raum zwischen meinen Geschenken und denen des kleinen Erich. Dann drehte er mitten im Zimmer auf der Stelle um und setzte an, nach der Tür zu gehen.

Da stand der Vater, der von seinem Sessel im Hintergrund her ihn unausgesetzt beobachtet hatte, rasch auf, packte den Verzweifelten von hinten an beiden Schultern, drehte ihn ganz langsam in der Richtung zum Baume und rief ihm zu: »Unterm Tisch ist vielleicht auch noch was!«

Ein Aufatmen, ein Sprung – Fritz kniete unterm Tisch und holte hinter dem fast die Dielen berührenden Tischtuch all das hervor, was ihm zugedacht war. Ein Stück nach dem anderen auf der Tischplatte aufbauend, machte er nun einen heftigeren Lärm als wir anderen alle zusammen, während ins Jubeln hinein noch immer einige Tränen rollten.

Mich aber berührte dieses Erlebnis stark, und im nachdenkenden Abwägen stellte ich bei mir selber fest, daß der Vater zwischen Gerechtigkeit und Güte hier richtig, daß er – ich war stolz auf den gefundenen Ausdruck – »weihnachtlich« gehandelt habe.

Gert Fröbe

Kein rettender Weihnachtsengel

Eine Konzertpianistin im Schützenhaus

Meine Schwester Hanni hatte mit ihrem Klavierspiel so gute Fortschritte gemacht, daß sie bereits in einem Konzert in Dresden als Solopianistin aufgetreten war. Sie bekam ausgezeichnete Kritiken und ein Stipendium.

Selbstverständlich sind Vater, Mutter und ich zu dem Konzert nach Dresden gefahren. Mutter hatte Tränen in den Augen, als ihre Hanni ganz allein auf der Opernbühne am Flügel saß. Sie sah wunderschön aus in ihrem dunklen Samtkleid, das meine Mutter ihr eigens für diesen Auftritt geschneidert hatte. Das mußte sogar ich zugeben, was einem jüngeren Bruder gar nicht so leicht fällt. Ihre langen roten Haare hatte sie stundenlang gebürstet, jetzt fielen sie ihr goldglänzend auf die Schultern. Im Scheinwerferlicht sah sie wie ein Filmstar aus.

Für die Musik, die ich in Cafés und auf Hochzeiten spielte, hatte sie nur ein Lächeln. Musik begann für sie von Tschaikowski aufwärts. Ausgerechnet diese Verfechterin der klassischen Musik sollte ihrem Bruder einmal aus der Patsche helfen. Doch das muß ich der Reihe nach erzählen.

Oberhohndorf ist ein kleiner Ort bei Zwickau *[heute eingemeindet]*. Wenn man zwei Siedlungen dazurechnete, kamen glatt 2000 Einwohner zusammen. Jedenfalls Anfang 1930. Damals bekamen »Gert Fröbe und seine Solisten« das lukrative Angebot, vom ersten Weihnachtsfeiertag bis Neujahr jeden Tag im Schützenhaus Tanzmusik zu machen. Jeden Tag acht Mark, macht in acht Tagen 64 Mark. Ein warmer Regen. Die Weihnachtsgans war damit überfinanziert. Wir arbeiteten in Dreierbesetzung: Vater Schmidt Trompete und Rhythmuspauke, sein Sohn Mathias Klavier. Er war ein großartiger Pianist und gleichzeitig zweiter Organist an der Marienkirche in Zwickau. Sie ist inzwischen zum Dom avanciert.

Ich spielte bei dieser Feiertags-Veranstaltung eine besondere Geige. Eine Jazz-Geige. Die hatte ich in einem Versteigerungshaus billig erstanden. Für Violinkenner war es nichts Aufregendes. Eigentlich nur ein

Griffbrett mit Steg, aus dem sich ein trichterförmiges Horn herauswand. Aus dieser Membrane kam der Ton, aber nicht wie bei einer richtigen Geige über den Resonanzboden. Ein Jazz-Ton. Halb klang es wie Trompete, halb wie Geige. Der Ton tat weh.

Aber für die Dorfjugend von Oberhohndorf war das eine Sensation, die wir auf unseren Eigenbau-Plakaten groß angekündigt hatten:

GERT FRÖBE
ERSTMALS MIT
SEINER JAZZGEIGE

Das Echo bei den Jugendlichen war enorm. Die Jazz-Geige und ich waren das Dorfgespräch: »Du, der hat 'ne Jazz-Geiche!« – »Oh, sowas hab ich noch nie geheert, da müssemer hin.«

Erster Feiertag um vier Uhr geht es los. Ab halb vier ist bereits kein Platz mehr zu bekommen. Um vier ist das Schützenhaus gerammelt voll. Burschen und Mädchen – alle fein in Schale. Den Jünglingen sieht man die Entschlossenheit an, sich bei dem Tanzvergnügen eine Feiertagsbraut anzulachen. Es riecht nach Maiglöckchen,

Schweiß und Kuhstall. Ich gebe den Takt, 3 – 4, mit den Fußspitzen, und dann dumtara dumtara – »Feuert los!« Das war unser Eröffnungsmarsch, wenn wir in »großer Besetzung« zu dritt spielten. Leicht zu tanzen, und ein Stimmungsmacher erster Klasse.

War dann die Stimmung angeheizt, zwängte ich mich mit meiner Geige unter die Paare auf der Tanzfläche, strich sanfte Töne ins Ohr irgendeiner Dorfschönen, und wenn mich der Hafer stach, sang ich, durch das Megaphon flüsternd, Schlager wie:

Ich kenn zwei süße Schwestern, die hab ich gestern nach Haus gebracht.
Da hat die eine, die süße Kleine so nett gelacht.
Und hat beim Küssen die lieben Äuglein genau wie du so zugemacht.
So daß ich meine, du seist die eine,
die süße Kleine von gestern nacht.

Für Oberhohndorf war das Hollywood. Und wenn ich ehrlich bin, für mich auch.

Der erste Feiertag war gelaufen. Auf der Heimfahrt sagte doch Mathias Schmidt, mein Pianist, zu mir, »Du, morgen kann ich erst ab halb sieben, ich muß am Nachmittag Orgel spielen! « Ich fiel aus allen Wolken. Aber da war nichts zu machen, ich wußte, daß er zweiter Organist in der Marienkirche war, und verständlicherweise wollte der erste Organist wenigstens einen Feiertag bei seiner Familie sein, da mußte Mathias eben die Register der Orgel ziehen. Am zweiten Feiertag kamen zum Gottesdienst ohnehin nur ein paar verirrte Schäfchen, die meinten, man müsse sich mal wieder in der Kirche sehen lassen.

Mein Pianist fiel also für mindestens drei Stunden aus, aber ich konnte doch nicht nur mit dem alten Schmidt und seiner Pauke samt Trompete Tanzmusik machen! Wo aber auf die Schnelle einen Klavierspieler herbekommen? Wenn ein Klavierspieler auch nur ein bißchen was kann, wenn er wenigstens einigermaßen den Takt zu halten versteht, ist er zu Weihnachten beschäftigt. Jedes kleine Kaffeehaus leistet sich zu Weihnachten zu Kaffee und Kuchen ein bißchen Klaviermusik. Das war nun mal so im Erzgebirge. Musik gehörte zum Weihnachtsfest wie der sich drehende Tannenbaum mit Goldlamé-Engeln und die Pyramide, die sich durch die Wärme der Kerzen dreht.

Alle Versuche, einen anderen Pianisten aufzutreiben, scheiterten. Blieb nur noch eines: Absagen. Das schöne Geld sausen lassen.

Halt, eine könnte einspringen! »Hanni, du mußt mir helfen!« Ich erklärte ihr, worum es ging. Hanni fiel aus allen Wolken: »Ausgeschlossen!«

Sie lehnte nicht aus Hochnäsigkeit ab, sondern weil sie wußte, daß Tanznoten ganz anders aufgeteilt sind als die für Konzertstücke. Wer Notenblätter für Konzertmusik zu lesen versteht, kann Tanzmusiknoten noch lange nicht lesen. Das einzige, was Hanni an Unterhaltungsmusik bisher gespielt hatte, war die »Petersburger Schlittenfahrt«. Vierhändig mit Vater, während ich die Geigenbegleitung lieferte.

Ich versprach meinem Schwesterherz, mich hinter sie zu stellen und ihr zu zeigen, auf welcher Notenzeile sie weiterzuspielen hatte. Ein verwegenes Versprechen. Schließlich sagte sie seufzend ja.

Wir fuhren mit dem Omnibus ins Schützenhaus, der Wirt begrüßte uns nett, denn der gestrige Abend war gut gelaufen. Er guckte zwar etwas mißtrauisch, als ich ihm erklärte »Sie müssen entschuldigen, unser Klavierspieler von gestern kommt erst in zwei Stunden, der muß in der Marienkirche die Orgel spielen, weil er da das ganze Jahr über engagiert ist. Ich hab dafür einen hervorragenden Ersatz, meine Schwester, eine perfekte Konzertpianistin.« Ich weiß nicht, was ihn mehr verschreckte, der Hinweis auf meine Schwester oder das Wort »Konzertpianistin«, auf jeden Fall ließ er uns von nun an nicht mehr aus den Augen.

Um vier begannen wir mit »Feuert Los!«. Ein Marsch ist kein Problem für einen Pianisten, Hauptsache, er bleibt im Rhythmus. Der Anfang war also gemacht. Weil es so gut ging, spielten wir den Marsch gleich noch einmal. Der Wirt blickte verwundert.

Nach einer längeren Pause – Zeit gewinnen! Zeit gewinnen! – folgte ein Tango »Blutrote Rosen«. Aber das wußten nur wir drei Musiker. Was wir spielten, war selbst für Oberhohndorfer Ansprüche nicht mehr als Tango zu erkennen. Ich geigte wie der Teufel, tippte mit dem Bogen zwischendurch auf die folgende Notenzeile.

Hanni schlug mit dem Mut der Verzweiflung in die Tasten, Vater Schmidt bekam vor Angst einen Lachkrampf und brachte keinen Ton aus der Trompete. Hanni kaschierte den Ausfall der Trompete und spielte ein zartes kleines Konzertstück. Das hätte ihr in jeder seriösen Musikveranstaltung Beifall gebracht, aber nicht in Oberhohndorf. Die Dorfjugend murrte: »Danach kann doch keener danzen.« Hanni beschwerte sich über das verstimmte Klavier. Der Wirt schaute kritisch. Eine Katastrophe bahnte sich an, doch zunächst einmal retteten uns die Kühe.

Jawohl, die Kühe. Die mußten um sechs Uhr gemolken werden. Auch an Feiertagen. Deshalb war gegen sechs eine halbe Stunde Melkpause. Die Jünglinge im Sonntagsstaat gingen in die Ställe und füllten die Milcheimer, während die Mädchen kichernd und erwartungsvoll in Gruppen zusammensaßen. Sie wußten, daß sie den Kühen den Vortritt lassen mußten.

Viel zum Tanzen waren sie bis dahin sowieso noch nicht gekommen. Aber ab halb sieben sollte es richtig losgehen. Doch mein Pianist war immer noch nicht da. Hanni, den Tränen nahe, mußte wieder ans Klavier.

Wir spielten »An der schönen blauen Donau«, im Eins-zwei-drei-Takt, oder wie wir Musiker sagen »Küche – Kammer – Küche«, weil ich dachte, Walzerrhythmus kriegt auch eine Konzertpianistin hin. Irrtum. Um Zeit zu gewinnen, riskierte ich noch ein Konzertstück: »Souvenirs« von Drdla. Meine Schwester begann auch gleich mit ein paar schönen Sequenzen.

Im Schützenhaus zu Oberhohndorf ist Musik jedoch nicht zum Hören, sondern zum Tanzen da. Also kamen die Dorfkavaliere gleich bei den ersten Takten auf die Tanzfläche, faßten ihr Mädchen fest um die strammen Hüften und wollten sie durch den Saal schwenken. Das aber ging nicht, weil dieses Konzertstück keinen Rhythmus hatte. Die am Tisch sitzen geblieben waren, machten jetzt »Pst!«, um zu zeigen, daß sie natürlich wußten, daß man nach solcher Musik nicht tanzen kann. Auf der Tanzfläche gab es Verwirrung total. Wir brachen ab. Die Tänzer riskierten noch ein paar Drehungen ohne Musik.

Die Paare auf der Tanzfläche fühlten sich blamiert. Die Herren führten ihre Süße an den Tisch zurück und maulten: »Es war doch Tanzmusik versprochen.« Um keine

Diskussionen mit den enttäuschten Gästen aufkommen zu lassen, spielten wir rasch noch mal »Feuert los!«, denn der Marsch war noch am besten gegangen. Aber die Unruhe wuchs.

Denn die Tänzer fühlten sich verschaukelt. Zuwenig Tanzmusik, und dann schon wieder denselben Marsch! Sie murrten. Als wir zum dritten Mal den Refrain von »Feuert los!« anfingen, kam der Wirt quer über den Saal, schnappte sich ohne ein Wort das Schlagzeug und schmiß es auf die Tanzfläche. Großes Hallo und Beifall bei den Tänzern, während wir drei wie begossene Pudel herumstanden. Der Wirt hatte wenige, aber deutliche Worte für uns.

Unser Abgang war eher eine Flucht. Instrumente und Notenblätter gegriffen, und ab durch die Mitte. Die Mäntel geschnappt, und rasch auf die Straße.

Draußen war so richtiges erzgebirgisches Sauwetter. In Schneeregen und Kälte mußten wir eine halbe Stunde auf den Bus warten. Frohe Weihnachten! Endlich kamen zwei Lichter aus der Dunkelheit auf uns zu. Der Bus aus Bärenwalde. In diesem Moment fiel mir ein: Wir haben ja gar kein Geld für die Rückfahrt! Denn die acht

Mark von gestern hatte ich schon zu Hause abgeliefert und nur für die Hinfahrt ein paar Pfennige eingesteckt. Heute sollten wir doch wieder acht Mark bekommen. Die aber hatten wir bei unserem eiligen Abgang in den Schornstein schreiben müssen ...

Ich schob zuerst meine Schwester, dann Vater Schmidt mit der Pauke in den Bus, dann kam ich, durchgefroren mit klammen Fingern, und erzählte dem Fahrer, der auch zugleich der Schaffner war, daß wir kein Geld hätten, aber meine Schwester würde in Zwickau bei der Endstation mit den Instrumenten so lange warten, bis ich von zu Hause Geld geholt hätte.

Der Fahrer sah uns drei Eisheilige prüfend an, schloß die Tür und fuhr los. Nach einer Weile fragte er: »Wo wohnt ihr denn?«

»In der Marktstraße.«

Der Mann machte mit seinem Bus eine Extra-Schleife und setzte uns direkt vor der Haustür ab. Ohne einen Pfennig zu kassieren.

Das war aber auch die einzige Freude, die wir an diesem traurigen Weihnachtsfest hatten. Statt 64 Mark waren es nur acht geworden, und das nur, weil die Konzertpianistin der Familie leider Gottes zu genial für Tanzmusik war.

Hanni hat noch viele Kompositionen am Flügel gespielt, aber nie wieder »Feuert los!«. Ich aber traute meinen Ohren nicht, als ich in London diese Melodie hörte. Auf einem Fußballplatz, während meiner Dreharbeiten für »Goldfinger«. Die Musikkapelle der Royal Guards spielte sie – es war (und ist) die Anfeuerungsmelodie für den Fußballclub Arsenal. Blitzartig waren meine Gedanken wieder in Oberhohndorf.

Wolfgang Mischnick

Dresdner Stollen bis Ende Januar

*Weihnachten im »Elbflorenz«
der Vorkriegszeit*

Auf Weihnachts- und Neujahrsfeiern habe ich mich immer besonders gefreut. Am Abend vor Weihnachten wurde der Christbaum geschmückt, die Bescherung am Heiligabend um 18 Uhr pünktlich eingehalten. Mein Vater spielte immer noch hervorragend Klavier. Bei »Stille Nacht, heilige Nacht« brummte Großvater mit, Großmutter und Mutter sangen kräftig, und ich flötete ein bißchen dazu.

Dann kam die »Entdeckung« der Geschenke, für jeden der Familie gesondert aufgebaut: auf dem Klavier, auf dem Vertiko und auf dem Schreibtisch. Danach gab es üblicherweise Kartoffelsalat und Würstchen, kein größeres Essen. Ein oder zwei Stunden danach, wenn die Geschenke ausgepackt und die Lichter am Christbaum zur Hälfte abgebrannt waren – mein Vater bewachte mit einem Stock, der ein Hütchen an der Spitze hatte, sorgfältig die Kerzen, um sie notfalls schnell zu löschen –, gab es nämlich Stollen, der immer erst Heiligabend angeschnitten wurde, und Kuchen dazu, der extra für die Feiertage gebacken worden war.

Das Backen war in Sachsen und vor allem in Dresden eine besondere Zeremonie. Jedes Jahr in der Vorweihnachtszeit, meist eine Woche vor dem Fest, fuhr meine Mutter mit dem Handwagen, in dem große Schüsseln standen, zum Bäcker Däbritz. Seine Backstube war um die Ecke in der Kamenzer Straße. Jede Frau, die Stollen und Kuchen backen ließ, brachte ihre Zutaten selbst mit und bekam auf den langen Tischen, wo sonst Brot und Semmeln geknetet wurden, einen Platz zugeteilt. Dort breitete sie ihre Zutaten aus, denn jede hatte ein eigenes Rezept. Es gab Rosinenstollen und Mandelstollen. Mehl, Zucker, Butter, Zimt, Rosinen, Mandeln und eventuell Zitronat wurden zurechtgestellt.

Meine Mutter legte größten Wert auf Butterstollen: lieber weniger, aber gut! Aus Ersparnisgründen wurde nämlich von manchen Frauen auch Butterschmalz verwendet. Dann walkten Meister, Gesellen und Lehrlinge der Bäckerei die Zutaten gründlich zu einem Teig durch – eine wirkliche Schwerarbeit. Schließlich wurden die Stollen in ihre Form gebracht und in den Ofen geschoben. Gleichzeitig wurden Quarkkuchen, Streuselkuchen und Zimtkuchen gebacken.

Wenn alles fertig war, kamen die frischen Stollen und Kuchen auf große Bleche. Gesellen und Lehrlinge, manchmal auch der Bäckermeister selbst, trugen diese Bleche in die Wohnung der Kunden. Nur das, was von den Kuchen über den Blechrand hinausragte, die Kuchenränder, durfte ich schon mal kosten. Sonst blieb alles schön verpackt bis Heiligabend.

Nach dem Tod meiner Großmutter zogen wir in die Schimpffstraße 1 um, aber die Weihnachtsbäckerei ging in dieser Form bis in die ersten Kriegsjahre hinein so weiter. Wir hatten dann bis zu dem Bäcker fast einen Kilometer weit alles zu tragen oder mit dem Handwagen zu fahren. Das erledigte ich meist gemeinsam mit meiner Mutter, sofern ich zu Hause war.

Am ersten Weihnachtstag gab es Gans. Da ich keine Gans mochte, bekam ich extra Schweinebraten. Die Klöße dazu waren mir schon damals – wie heute – wichtiger als das Fleisch. Stollen kam bis weit nach Neujahr auf den Kaffeetisch. Am Dreikönigstag, dem 6. Januar, wurde der Weihnachtsbaum abgeschmückt, das Lametta fein säuberlich für das nächste Jahr verpackt, die Lichthalter und der sonstige Schmuck beiseite geräumt. Meistens war so viel Stollen gebacken worden, daß er noch bis zum Geburtstag meiner Mutter am 29. Januar reichte. Gut eingepackt und nicht trocken gelagert, schmeckt Stollen noch nach Wochen vorzüglich.

Erich Kästner

Konkurrenzkampf unterm Tannenbaum

Als ich ein kleiner Junge war

Nur einmal in jedem Jahr hätte ich sehnlich gewünscht, Geschwister zu besitzen: am Heiligabend! Am Ersten Feiertag hätten sie ja gut und gerne wieder fortfliegen können, meinetwegen erst nach dem Gänsebraten mit den rohen Klößen, dem Rotkraut und dem Selleriesalat. Ich hätte sogar auf meine eigene Portion verzichtet und statt dessen Gänseklein gegessen, wenn ich nur am 24. Dezember abends nicht allein gewesen wäre! Die Hälfte der Geschenke hätten sie haben können, und es waren wahrhaftig herrliche Geschenke!

Und warum wollte ich gerade an diesem Abend, am schönsten Abend eines Kinderjahres, nicht allein und nicht das einzige Kind sein? Ich hatte Angst. Ich fürchtete mich vor der Bescherung! Ich hatte Furcht davor und durfte sie nicht zeigen. Es ist kein Wunder, daß ihr das nicht gleich versteht. Ich habe mir lange überlegt, ob ich darüber sprechen solle oder nicht. Ich will darüber sprechen! Also muß ich es euch erklären.

Meine Eltern waren, aus Liebe zu mir, aufeinander eifersüchtig. Sie suchten es zu verbergen, und oft gelang es ihnen. Doch am schönsten Tag im Jahr gelang es ihnen nicht. Sie nahmen sich sonst, meinetwegen, so gut zusammen, wie sie konnten, doch am Heiligabend konnten sie es nicht sehr gut. Es ging über ihre Kraft. Ich wußte das alles und mußte, uns dreien zuliebe, so tun, als wisse ich's nicht.

Wochenlang, halbe Nächte hindurch, hatte mein Vater im Keller gesessen und zum Beispiel einen wundervollen Pferdestall gebaut. Er hatte geschnitzt und genagelt, geleimt und gemalt, Schriften gepinselt, winziges Zaumzeug zugeschnitten und genäht, die Pferdemähnen mit Bändern durchflochten, die Raufen mit Heu gefüllt, und immer noch war ihm, beim Blaken der Petroleumlampe, etwas eingefallen, noch ein Scharnier, noch ein Beschlag, noch ein Haken, noch ein Stallbesen, noch eine Haferkiste, bis er endlich zufrieden schmunzelte und wußte: »Das macht mir keiner nach!«

Ein andermal baute er einen Rollwagen mit Bierfässern, Klappleitern, Rädern mit Naben und Eisenbändern, ein solides Fahrzeug mit Radachsen und auswechselbaren Deichseln, je nachdem, ob ich zwei Pferde oder nur eins einspannen wollte, mit Lederkissen fürs Abladen der Fässer, mit Peitschen und Bremsen am Kutschbock, und auch dieses Spielzeug war ein fehlerloses Meisterstück und Kunstwerk!

Es waren Geschenke, bei deren Anblick sogar Prinzen die Hände überm Kopf zusammengeschlagen hätten, aber Prinzen hätte mein Vater sie nicht geschenkt.

Wochenlang, halbe Tage hindurch, hatte meine Mutter die Stadt durchstreift und die Geschäfte durchwühlt. Sie kaufte jedes Jahr Geschenke, bis sich deren Versteck, die Kommode, krummbog. Sie kaufte Rollschuhe, Ankersteinbaukästen, Buntstifte, Farbtuben, Malbücher, Hanteln und Keulen für den Turnverein, einen Faustball für den Hof, Schlittschuhe, musikalische Wunderkreisel, Wanderstiefel, einen Norwegerschlitten, ein Kästchen mit Präzisionszirkeln auf blauem Samt, einen Kaufmannsladen, einen Zauberkasten, Kaleidoskope, Zinnsoldaten, eine kleine Druckerei mit

Setzbuchstaben und, von Paul Schurig und den Empfehlungen des Sächsischen Lehrervereins angeleitet, viele, viele gute Kinderbücher. Von Taschentüchern, Strümpfen, Turnhosen, Rodelmützen, Wollhandschuhen, Sweatern, Matrosenblusen, Badehosen, Hemden und ähnlich nützlichen Dingen ganz zu schweigen.

Es war ein Konkurrenzkampf aus Liebe zu mir, und es war ein verbissener Kampf. Es war ein Drama mit drei Personen, und der letzte Akt fand, alljährlich, am Heiligabend statt. Die Hauptrolle spielte ein kleiner Junge. Von seinem Talent aus dem Stegreif hing es ab, ob das Stück eine Komödie oder ein Trauerspiel wurde. Noch heute klopft mir, wenn ich daran denke, das Herz bis in den Hals.

Ich saß in der Küche und wartete, daß man mich in die Gute Stube riefe, unter den schimmernden Christbaum, zur Bescherung. Meine Geschenke hatte ich parat: für den Papa ein Kistchen mit zehn oder gar fünfundzwanzig Zigarren, für die Mama einen Schal, ein selbstgemaltes Aquarell oder – als ich einmal nur noch fünfundsechzig Pfennige besaß – in einem Karton aus Kühnes Schnittwarengeschäft, hübsch verpackt, die sieben Sachen. Die sieben Sachen? Ein Röllchen weißer und ein Röllchen schwarzer Seide, ein Heft Stecknadeln und ein Heft Nähnadeln, eine Rolle weißen Zwirn, eine Rolle schwarzen Zwirn und ein Dutzend mittelgroßer schwarzer Druckknöpfe, siebenerlei Sachen für fünfundsechzig Pfennige. Das war, fand ich, eine Rekordleistung! Und ich wäre stolz darauf gewesen, wenn ich mich nicht so gefürchtet hätte.

Ich stand also am Küchenfenster und blickte in die Fenster gegenüber. Hier und dort zündete man schon die Kerzen an. Der Schnee auf der Straße glänzte im Laternenlicht. Weihnachtslieder erklangen. Im Ofen prasselte das Feuer, aber ich fror. Es duftete nach Rosinenstollen, Vanillezucker und Zitronat. Doch mir war elend zumute. Gleich würde ich lächeln müssen, statt weinen zu dürfen.

Und dann hörte ich meine Mutter rufen: »Jetzt kannst du kommen!« Ich ergriff die hübsch eingewickelten Geschenke für die beiden und trat in den Flur. Die Zimmertür stand offen. Der Christbaum strahlte. Vater und Mutter hatten sich links und rechts vom Tisch postiert, jeder neben seine Gaben, als sei das Zimmer samt dem Fest halbiert. »Oh«, sagte ich, »wie schön!« und meinte beide Hälften. Ich hielt mich noch in der Nähe der Tür, so daß mein Versuch, glücklich zu lächeln, unmißverständlich beiden galt. Der Papa, mit der erloschnen Zigarre im Munde, beschmunzelte den firnisblanken Pferdestall. Die Mama blickte triumphierend auf das Gabengebirge zu ihrer Rechten. Wir lächelten zu dritt und überlächelten unsre dreifache Unruhe. Doch ich konnte nicht an der Tür stehen bleiben!

Zögernd ging ich auf den herrlichen Tisch zu, auf den halbierten Tisch, und mit jedem Schritt wuchsen meine Verantwortung, meine Angst und der Wille, die nächste Viertelstunde zu retten. Ach, wenn ich allein gewesen wäre, allein mit den Geschenken und dem himmlischen Gefühl, doppelt und aus zweifacher Liebe beschenkt zu werden! Wie selig wär ich gewesen und was für ein glückliches Kind! Doch ich mußte meine Rolle spielen, damit das Weihnachtsstück gut ausgehe. Ich war ein Diplomat, erwachsener als meine Eltern, und hatte dafür Sorge zu tragen, daß unsre feierliche Dreierkonferenz unterm Christbaum ohne

Mißklang verlief. Ich war, schon mit fünf und sechs Jahren und später erst recht, der Zeremonienmeister des Heiligen Abends und entledigte mich der schweren Aufgabe mit großem Geschick. Und mit zitterndem Herzen.

Ich stand am Tisch und freute mich im Pendelverkehr. Ich freute mich rechts, zur Freude meiner Mutter. Ich freute mich an der linken Tischhälfte über den Pferdestall im allgemeinen. Dann freute ich mich wieder rechts, diesmal über den Rodelschlitten, und dann wieder links, besonders über das Lederzeug. Und noch einmal rechts, und noch einmal links, und nirgends zu lange, und nirgends zu flüchtig. Ich freute mich ehrlich und mußte meine Freude zerlegen und zerlügen. Ich gab beiden je einen Kuß auf die Backe. Meiner Mutter zuerst. Ich verteilte meine Geschenke und begann mit den Zigarren. So konnte ich, während der Papa das Kistchen mit seinem Taschenmesser öffnete und die Zigarren beschnupperte, bei ihr ein wenig länger stehenbleiben als bei ihm. Sie bewunderte ihr Geschenk, und ich drückte sie heimlich an mich, so heimlich, als sei es eine Sünde. Hatte er es trotzdem bemerkt? Machte es ihn traurig?

Nebenan, bei Grüttners, sangen sie »O du fröhliche, o du selige gnadenbringende Weihnachtszeit!« Mein Vater holte ein Portemonnaie aus der Tasche, das er im Keller zugeschnitten und genäht hatte, hielt es meiner Mutter hin und sagte: »Das hätt ich ja beinahe vergessen!« Sie zeigte auf ihre Tischhälfte, wo für ihn Socken, warme lange Unterhosen und ein Schlips lagen. Manchmal fiel ihnen, erst wenn wir bei Würstchen und Kartoffelsalat saßen, ein, daß sie vergessen hatten, einander ihre Geschenke zu geben. Und meine Mutter meinte: »Das hat ja Zeit bis nach dem Essen.«

Dieter Zimmer

Eine gebrauchte Kindheit

Von Stollen, Klavieren, Thomanern und Geschenken

Pünktlich zum Heiligen Abend versank Leipzig im Schnee. Unaufhörlich rieselten leise die Flocken vom verhangenen Himmel. Stündlich wuchs die weiße Decke um Knöchelhöhe und verbarg gnädig die Schlaglöcher. Die Menschen tapsten vorsichtig von der Straßenbahn nach Hause, Alte hielten sich bisweilen, um nicht auszugleiten, an Vorgartenzäunen fest. Ab und zu schlich ein Auto durch unsere stille Straße und zerfurchte häßlich den unberührten Teppich. Auf den Gaslaternen häuften sich weiße Mützen. Es schneite und schneite und schneite in einem fort.

So war es jedes Jahr am Heiligen Abend. Oder fast jedes Jahr. Vielleicht auch nur ein einziges Mal. Es kann sogar sein, daß es am Heiligen Abend nie so war, sondern an einem völlig anderen Tag. Ich weiß es nicht mehr. Aber das macht nichts. Es ist dennoch die Wahrheit, denn Erinnerung trügt nicht.

Die Weihnachtszeit begann sehr früh. Nicht so früh wie heute, da man das Gefühl hat, der Konsumterror beginne Jahr für Jahr eine Woche eher. Im Gegenteil. Die Ursache war der Mangel.

Es war guter sächsischer Brauch, und meine Oma hielt auch im Sozialismus eisern daran fest, beizeiten vor Weihnachten seine Stollen zu backen. Dazu brauchte man Zutaten, vor allem weißes Mehl und gute Butter, sodann Rosinen, Orangeat und Zitronat, vielleicht Mandeln, Puderzucker auf jeden Fall. Wo gab es alle diese Wertsachen? Nun, wo? Jawohl: im Westen! Also richtete sich das adventliche Sinnen und Trachten im wesentlichen auf die Frage, ob das Paket von Tante Elfriede aus Essen oder von Tante Hedwig aus Hannover beizeiten eintraf. Die Tanten konnten eine ganze Familie auflaufen lassen! Nicht mal aus bösartiger Berechnung, sondern einfach aus Gedankenlosigkeit. Weil sie vergaßen, daß es in Deutschland – in einem Teil jedenfalls – auch fünf Jahre nach Ende des Kriegs noch keine Rosinen zu kaufen gab.

Wenn für die Stolle alle Zutaten glücklich beisammen waren, wurden sie zum Bäckermeister Nerlich gebracht, gleich um die Ecke in der Stallbaumstraße. Der knetete damals den Teig, man stelle sich das vor, noch mit Muskelkraft. Die Oma, mißtrauisch wie fast alle alten Leute, hatte immer den Verdacht, Nerlich zweige etwas ab von den teuren Zutaten, aber es war nie nachzuweisen. Der ehrliche Bäckermeister walkte und walkte also und formte schließlich die Laibe und schlug sie einmal ein, damit sie die typische Form annahmen. Drei bis vier Stollen pro Familie waren das übliche Maß. Man hatte damals keine Angst, zu dick zu werden.

Dann der große Augenblick: Nerlich ließ durch seinen Lehrling ausrichten, die Stolle sei bereit. Die Oma griff nach ihren allerwichtigsten Utensilien, dem Topf mit der geschmolzenen Butter und dem Sieb mit dem Puderzucker, und machte sich auf den Weg in die Backstube, die das Jahr über den Kunden verschlossen war. Ich lief mit, aus Neugierde. Herrlich, dieser Duft! Eine winzige Backstube nur, aber der Meister hantierte virtuos, als beherrsche er eine ganze Fabrik.

Die Oma nahm ihre Stolle in Augenschein, fand sie meistens, weil sie ja etwas sagen mußte, im großen und ganzen gelungen, nur ein bißchen zu blaß oder ein bißchen zu braun. Dann machte sie sich, ehe die Butter im Topf wieder steif wurde, mit dem Pinsel über die Stollen her, um schließlich das Sieb mit dem Puderzucker darüberkreisen zu lassen. Dann war die Köstlichkeit, ohne die einem Sachsen das Weihnachtsfest keines war, endlich fertig.

Für den Bäckerlehrling stand die Probe noch bevor: Er mußte das Brett mit den vier ausgewachsenen Stollen auf den Kopf hieven und zu uns nach Hause tragen. Ich lief hinterher und war unschlüssig: Sollte ich mir wünschen, daß er samt unseren vier Stollen auf die Schnauze fiel, was bestimmt komisch ausgesehen hätte, oder sollte ich an mein leibliches Wohl denken und den Stollen eine glückliche Heimkunft wünschen? Nach meiner Erinnerung schaffte er es jedes Mal ohne Unfall.

Nicht nur wegen der Zutaten für die Stolle wurden die Westpakete sofort gierig aufgerissen. Man wollte wissen, ob sie wieder so bescheiden ausgefallen waren wie letztes Jahr. Eine Tafel Schokolade, wieder keine

»Sprengel«, die war offenbar zu teuer für uns Ostler. Ein Tütchen Walnüsse, auch keine erste Wahl, viele taub, manche etwas ranzig. Ein halbes Dutzend Apfelsinen, zwei davon mit Druckstellen. Nun ja. Dabei hatten sie doch alles!

Ich mußte für die Bescherung basteln. Ich hätte auch kein Geld gehabt, um der Familie einigermaßen repräsentative Geschenke zu kaufen. Also sägte ich Laub. Das betrieb ich mit einigem Geschick und immer nach eigenen Ideen und Entwürfen. Alles schwarz gebeizt. Ein Kästchen für die Zigarren des Großvaters. Ein Kästchen für die Knopfsammlung der Großmutter. Sogar einen Nähkasten mit Einsatz und Nadelkissen für die Mutter. Schattenrissige Figuren für die Fenster. Einen erzgebirgisch angehauchten Schwibbogen.

Zum Glück gehörten weder Sperrholz noch Laubsägeblätter zu den zahlreichen Mangelwaren. Ich konnte meiner künstlerischen Phantasie freien Lauf lassen und wurde am Heiligen Abend reihum gelobt. Heute vermute ich, daß sie, innerlich die Hände ringend, vor meinen Werken standen und dachten: Das wäre aber wirklich nicht nötig gewesen.

Adventszeit, das hieß auch: Klaviervorspiel. Mein Schicksal hatte es gewollt, daß unser Blüthner-Klavier den Bombenkrieg mit ein paar winzigen Schrammen überlebte. Voll bespielbar. In einer bürgerlichen Leipziger Familie, die sich Bach und Mendelssohn, Thomanerchor und Gewandhaus verpflichtet fühlte, mußte der Junge helfen, die Tradition zu bewahren. Einmal die Woche eine Stunde bei Fräulein Winter in der Gustav-Adolf-Straße. Ein älteres Fräulein von damals mindestens fünfundvierzig Jahren, in einer großen Wohnung voller Plüsch, einer Art Traditionshöhle mit Gipsbüsten der bedeutendsten deutschen Tonsetzer. Daß sie auch den Juden Mendelssohn-Bartholdy mutig über das Dritte Reich bewahrt hatte, verstand ich damals in seiner Bedeutung noch nicht, rechne ich ihr aber heute hoch an.

Am zweiten Adventssonntagvormittag versammelte Fräulein Winter, wie es Musiklehrer allenthalben tun, ihre Schüler samt Familien zu besagtem feierlichen Vorspiel. Mein Großvater als eine Art Doyen der Eltern- und Großelternschaft hielt eingangs eine Ansprache, worauf ich stolz war. Er sprach darüber, daß man gerade in dieser neuen Zeit auch einige der alten Werte hochhalten müsse, und jeder, sogar ich, verstand den umstürzlerischen Geist dieser Worte.

Dann schlug meine Stunde und mir das Herz bis zum Hals. Ich spielte die Fantasie von Händel eingangs viel zu hastig, im Bestreben, sie schnell hinter mich zu bringen. Aber dann beruhigte sich der Puls und beruhigte sich der Takt, und am Ende erntete ich nicht gerade frenetischen Jubel, doch freundlichen Beifall. Nach dieser Prüfung begann der unbeschwerte Teil der Weihnachtszeit.

Einen Weihnachtsbaum zu ergattern, gehörte zu den ganz und gar unromantischen Aufgaben meiner Kindheit. Es war nun mal so, daß außer mir niemand Zeit hatte, als Jäger und Sammler durch den Vorort zu streifen. Wenn sich an einer Straßenecke eine scheinbar unmotivierte Menschenschlange gebildet hatte, ahnte man: Hier wurde eine Ladung aus dem dunklen Tann erwartet. Es konnte eine Stunde und länger dauern, bis ein Lastwagen vorfuhr und die Balgerei der Ungeduldigen begann.

Wenn man so einen Strunk zu packen bekommen hatte, durfte man ihn um Gottes

Willen nicht loslassen. Die Vorstellung, mit leeren Händen zu Hause anzukommen, verlieh ungeahnte Kräfte. Wie ein Terrier verbiß man sich in seine Beute, die natürlich bei diesem Kampf den einen oder anderen Zweig einbüßte. Ich erinnere mich daran, wie ich stolz zu Hause ankam und meine Oma nur den Kopf schüttelte: »Das soll ein Weihnachtsbaum sein? Da denkt doch der liebe Heiland, wir wollen ihn veralbern.«

Der Höhepunkt des Heiligen Abends, nächst der Bescherung natürlich, war die Christmette in der Thomaskirche. Für bürgerliche Leipziger oder Leipziger Bürgerliche, sagten meine Großeltern, gab es an diesem Tag keinen anderen Platz in der Stadt. Dieser Ansicht schienen viele zu sein, denn man mußte sich Stunden zuvor auf den Weg machen, um auch nur einen Sitzplatz auf einer Treppenstufe zu ergattern.

Die anfangs ungemütlich kalte Kirche wurde durch die Ausdünstungen der vielen Leiber anheimelnd warm. Gedämpftes Gemurmel von Hunderten, eher wohl Tausenden. Die große Krippe unter der Kanzel. Der Weihnachtsbaum. Das Grab des großen Johann Sebastian. Als feiere er in seiner

Kirche mit. Die Thomaner auf der Empore. Engelsgleiche Stimmen. Die Liedzeile mußte einem in den Sinn kommen: »Hoch oben singt jubelnd der Engelein Chor.«

Ich hatte nicht Thomaner werden wollen, weil dies mit Anstrengung verbunden gewesen wäre, hätte wahrscheinlich auch kein Sangestalent beweisen können; aber jetzt hätte ich gern mit dort oben gestanden bei Günther Ramin, dem Kantor, bewundert von der Gemeinde.

Thomaskirche. Ich bin später oft und oft dort gewesen, habe die Thomaner gehört, habe in die Gesichter der Menschen geschaut. Besonders viele junge darunter, ganz anders als anderswo. Und immer dachte ich: Hier bist du in der DDR, aber unter den richtigen Menschen.

Nach der Christmette ging es mit der Straßenbahn nach Hause, durch anheimelndes Schneegestöber, wie gesagt, zur Bescherung. Wieder keine elektrische Eisenbahn. Meine Kindheit lang hatte ich diesen Wunsch, diesen bestimmt nicht originellen: eine elektrische Eisenbahn! Aber die war zu teuer. Statt dessen der lange erwartete Kaufladen. Der hatte früher meinem Onkel gehört. Oder endlich der Stabilbaukasten.

Der hatte auch meinem Onkel gehört. Oder zwei Bände Karl May. Da stand vorn der Name meines Onkels drin. Nichts Neues. Eine gebrauchte Kindheit. Aber es hat mich selten gestört.

Die Thomaskirche in Leipzig

Erich Loest

Mei Arzgebirg

Sechs Leipziger nach Weihnachten am Fichtelberg

Wir knatterten los am Tag vor Silvester, Moritz mit Brischidd neben sich und Wilfried auf dem Rücksitz vornweg, die Familie Wülff hinterdrein. Es war ein diesiger Morgen ohne aufreibenden Verkehr, unser Trabbi trabte munter, und ich war von Anfang an zu idealer Laune entschlossen. »Das sind wunderbare Menschen da oben«, redete ich, »Luft und Wasser sind sauber, der Wald wächst bis in die Stuben. Diese Leute haben ihre Bräuche und Lieder – ihr werdet sehen.«

»Woher weißt du das alles?«

»Von meiner Tante aus Olbernhau.« Ich hatte sie vor fünfzehn Jahren zum letzten Mal gesehen. »Und aus dem Fernsehen. Und überhaupt.«

In Cranzahl stiegen wir aus in wütendem Wind, der von allen Seiten zu blaffen schien. Es war mild wie unten in Leipzig, von Schnee keine Spur, ich blickte von den Ski auf dem einen zum Schlitten auf dem anderen Autodach. Das schien Moritz als Provokation zu empfinden, und er redete gleich los, hier oben schlüge das Wetter immerzu von einem Tag zum anderen um, morgen könnten wir uns vor Schnee vielleicht nicht retten. Da trugen wir die Koffer ins Haus und bezogen unsere Zimmer.

Quer vor den Ehebetten stand das Bett für Bianca, damit war für die Nächte hier alles klar; das hatte sein Gutes, weil Jutta und mir die Peinlichkeit erspart blieb, Gute Nacht sagen zu müssen ohne Kuß und Streicheln und erfreuliche Weiterungen. Ehestille blieb gezwungenermaßen bis über Neujahr hinaus, da würden wir also, hoffte ich, am ersten Abend daheim ausgehungert übereinander herfallen. Ich fand Juttas Augen über die Ehebetten hinweg, schielte rasch und beziehungsreich zu Biancas Bett hin und hoffte auf ein verstehendes Lächeln, gemischt mit Entsagungstrauer, aber es blieb aus.

Nach einem Weilchen klopfte ich nebenan bei Neukers; mit Wilfried ging ich in die Gaststube hinab und erzählte ihm, was ich um mich herum sah und verschwieg nicht den extrem kurzen Rock der Kellnerin. Dabei suchte ich nach einem Redestil, der nicht wie der Bericht eines Sehenden an einen Blinden klang, ich sagte nicht: »Nun will ich dir mal die Gaststube beschreiben«, sondern quatschte wie vor mich hin: »Bißchen anders hab ich mir das ja vorgestellt hier. Konnten die nicht mehr mit Holz arbeiten? Täfelung oder Raumteiler? Der Kachelofen immerhin – so'n klobiges grünes Ding wirkt immer.«

Nach einer Viertelstunde setzte sich Moritz zu uns, er trug einen phantastischen Skipullover, ein Strickmeisterwerk, natürlich war er wieder kunstvoll-nachlässig frisiert, und aus blanker Gehässigkeit heraus erwähnte ich seine Schönheit mit keinem Wort. Die bunten Tischdecken pries ich und maulte über die Plastelampen – gab es keine geschnitzten? Moritz paßte sich meinem Stil an, so führten wir einen Scheinstreit, in dem wir auch der Beine der Kellnerin lobend gedachten. Weil sich Moritz so rasch einfühlte, baute ich meinen Groll gegen ihn ab und kam sogar auf die Idee, daß Neukers Ehe hielt, weil Moritz allerhand von Brischidds Vitalität absorbierte.

Am Abend bummelten wir durch den Ort. Moritz zeigte uns das Kulturhaus, in dem wir Silvester feiern würden; in den Fenstern fast aller Häuser brannten Kerzen und standen Engel und Bergleute, hingen Weihnachtssterne und Adventslaternen, von der Kirche herunter schimmerte ein Lichterkreuz. Bianca war erst außer sich vor Freude, später wurde sie immer stiller; von den schönsten Fenstern war sie kaum wegzubringen. »Mei Arzgebirg«, schwärmte ich, »da seht ihr's!« Hier und da waren die Gardinen nicht zugezogen, wir blickten in Stuben, in denen sich Pyramiden drehten, wo auf allen Tischen und Kommoden Kerzen brannten, und zwischendrin saßen Leute und glotzten auf einen Western.

An diesem Abend brachte ich Bianca ins Bett und erfand eine nagelneue Geschichte: Der Weihnachtsmann fuhr mit seinem Schlitten durch Cranzahl und wollte alle Kinder beschenken. Vor jedem Haus lud er Pakete aus, nur ein Haus übersah er, weil in ihm nicht eine einzige Kerze brannte. Darin wohnte ein kleines Mädchen, das weinte natürlich, weil es keine Geschenke bekam. Die Tränen tropften herunter, das sah ein ...

Ein?

Bianca hatte ihre Augen groß und rund auf mich gerichtet wie immer, wenn ich eine Geschichte erzählte. Eine Geschichte hatte Anfang und Ende, und es war noch nie geschehen, daß ich nicht weitergewußt hätte. Ein? Was ein? Ein Engel? Aber in unseren Geschichten waren noch nie Engel vorgekommen, nur irdische Dinge wie Autos, Bäume, Förster, der Frosch und die Blutwurst. Ein? Ich fragte: »Bianca, was denkst du denn, wer die Tränen sah?«

Ihre Augen schweiften zur Decke, kehrten zurück. Zaghaft: »Ein Reh?«

Da faßte ich nach Biancas Wangen und jubelte: »Ja, ein Reh!« Und Bianca warf ihr Bäuchlein hoch vor Freude, und dann lief meine Geschichte wie geschmiert weiter: Das Reh verwandelte alle Tränen in Lichter und schmückte damit die Fenster, das sah der Weihnachtsmann, als er gerade aus dem Dorf hinausfahren wollte, und er sagte: Nanu, das Haus dort habe ich doch ganz vergessen!

Ich wußte, daß ich diesen Satz bei allen Wiederholungen nicht verändern durfte: Nanu, das Haus dort habe ich doch ganz vergessen! Natürlich kehrte der Weihnachtsmann um und brachte auch diesem

Kind ein Geschenk, nämlich eine große Puppe, und das Mädchen lachte und klatschte in die Hände, und wenn die Puppe noch nicht kaputt gegangen ist, dann spielt das Kind noch heute damit ...

Das war Moritz Fügners Plan für den nächsten Tag: Mit der Bimmelbahn nach Oberwiesenthal! Als wir aufstanden, hatte es in der Tat geschneit und schneite immer noch aus einem grauen Himmel herab, der Zug schnaufte durch den Winterwald, und hinter jedem Baum vermutete Bianca das Reh aus der Geschichte vom vergangenen Abend. Inmitten des Wagens stand ein eiserner Ofen, daneben in einer Kiste lagen Briketts, und wer von den Fahrgästen mochte, legte nach. Ich wäre gern auf die Lokomotive geklettert und hätte ihr Baujahr erforscht und mich mit Führer und Heizer einem Dampfmaschinendisput hingegeben. »Arzgebirg«, sagte ich, »da habt ihr's! Gestern Kerzen überall, heute Gemüt und nostalgische Technik!« Moritz fügte an: »Und wer hat recht mit dem Schnee?«

In Oberwiesenthal quollen Skiträger von allen Trittbrettern, rot und gelb und blau war der Bahnsteig gesprenkelt von Anoraks und Mützen. Bianca wollte sich natürlich sofort auf den Schlitten setzen, ich versuchte ihr begreiflich zu machen, daß Schlittenfahren hier noch gar keinen Spaß machte, da hätte sie beinahe geweint, aber Jutta sagte: »Mäuschen, natürlich zieht dich der Vati!« Eine bunte Schlange kroch durch den Ort hinaus, hier und da sah ich schwere Kunststoffschuhe, und je weiter wir kamen, desto stärker dominierte hochsportliches Plast.

Vorn stapften Brischidd und Moritz, die Ski auf der Schulter, ihnen folgten Jutta und Wilfried Arm in Arm. Jedes Paar unterhielt sich aufgekratzt, ich hörte Brischidd lachen und vermutete, es müßte ein großartiges Gefühl für sie sein, jetzt gleich mit ihrem Geliebten höchst offiziell Ski zu laufen ohne jede Gefahr der Entlarvung. Jutta durfte sich als geschlechtssolidarische Komplizin fühlen, sie deckte den Rücken und ließ in Wilfried keinen Verdacht aufkommen, schirmte ab, war sogar noch *nett* zu Wilfried, daß es ihm an nichts fehle. Belebte heimliche Flirtbegünstigung wie Flirt selbst?

Vor den Lifts machten sich Brischidd und Moritz selbständig. Tschüss! riefen sie, wir sehen uns dann am Zug! Sie entschwebten ins Grau hinauf, und Jutta sagte: »Ich kriege richtig Lust!« Dabei klang ein Unterton von Gier und Neid mit, vielleicht hörte ihn niemand außer mir, und ich beäugte wieder Plast an Füßen und Spezialski auf Schultern, und siehe da, es gab sogar Plastschuhe für Steppkes, die sich kaum auf den Brettern halten konnten. »Carrera« stand an den Bändern der Schneebrillen, da hatten Westomas also wieder mal Herzenswünsche erfüllt ...

»Ich bin eigentlich ganz gern Ski gelaufen.« Das sagte Wilfried.

»Wir haben's noch nie versucht.« Ich zwang mich aus meinem proletarisch-asketischen Denkgestrüpp wieder auf diesen Schnee und fügte an, daß es keinen Zweck hätte, auf den Fichtelberg zu gondeln, denn der steckte in den Wolken. Jetzt nahm ich Wilfried am Arm; wir stapften einen Weg entlang, auf dem wir nicht bei jedem Schritt Skiläufern ausweichen mußten. Ich fand in meine bewährte Taktik hinein, über das, was ich sah, in Worten zu berichten, die keine Berichtsworte waren, und Wilfried erzählte, für ihn wäre es immer am schönsten gewesen, mit drei, vier netten Leuten durch den Wald zu bummeln, hier und da stehen zu bleiben, Luft und Natur zu genießen – nichts hätte er erholsamer gefunden als eine beschauliche Skiwanderung.

Zwei Stunden später aßen Jutta, Wilfried, Bianca und ich Mittag, vergeblich suchte ich grüne Klöße, von mir als »griene Kließ« gerühmt, auf der Speisekarte; alle Gerichte waren und hießen wie bei uns daheim auch. Durch den Spaziergang durch den Schnee fühlte ich mich bärenhungrig. Ich mühte mich, die Stimmung hochzuhalten, Wilfried machte munter mit, aber wie ihm wirklich zumute war, da seine Frau mit einem anderen Ski fuhr, wußte natürlich nur er selber.

Brischidd und Moritz trafen wir am Bahnhof wieder. Ihre Gesichter waren gerötet, sie schwärmten von stillen Wegen auf der Nordseite des Berges; es wäre hier wie überall: an ein paar Punkten stauten sich die Massen, und fünfhundert Meter weiter traf man keinen Menschen. Ich dachte: Bestimmt haben sie sich geküßt, mehr nicht, was kann man im verschneiten Wald mit Ski an den Füßen schon weiter machen. Und ich zwang mich zu dem Zusatz: Deine Neugier ist schon beinahe pervers.

Der Zug bummelte hinunter, Bianca schlief an der Seite ihrer Mutter ein. Ich drückte die Ofenklappe auf und ließ zwei Briketts in die Glut fallen. So ein Tag, so wunderschön wie heute, summte es in mir, es war goldrichtig gewesen, hierherzufahren, heraus aus dem Mief in eine saubere Welt mit natürlichen Menschen. Wir ruhten uns ein Stündchen aus und aßen Bockwurst mit Sauerkohl, das, so wurde uns versichert, typische Silvestergericht dieses Landstrichs. Am Nebentisch erzählte einer, die Fichten hierherum würden krank, denn giftige Dämpfe trieben aus den Chemiewerken der ČSSR über den Kamm. Die Nadeln gilbten, drüben bei Olbernhau starben ganze Wälder, und ein Förster hätte geäußert, es wäre ungewiß, ob in zehn Jahren um den Fichtelberg herum noch eine einzige Fichte stünde. Man müßte umrüsten auf Birke eventuell. Mir paßte dieses Gerede nicht in den Streifen.

Es war fast acht, als wir den Saal des Klubhauses betraten. Die Tische waren numeriert, an unserem Tisch saßen außer uns noch zwei Paare; wir verbeugten uns höflich gegeneinander. Auf der Bühne machte sich die Kapelle bereit, es waren nicht ganz junge Männer in einer Kleidung, die man als spanisch bezeichnen könnte. »Heute haun wir auf die Pauke« spielten und sangen sie mit Verve zum Auftakt, da schaute ich mich vergeblich um nach etwas Arzgebirgischem, einem Tannenbaum, einem Bild, dem Spruchband: Vergiß dei Hamit nett! »Gemütlich!« kommentierte Jutta höhnisch.

Fast alle Leute tranken Weißwein, manche Schnaps dazu, alle waren so angezogen wie wir in Leipzig auch, und ich dachte: Was hattest du denn gedacht, Loden und Dirndl? Die Kapelle lärmte: »Du kannst nicht immer siebzehn sein«, da bat ich Jutta zum Tanz, Wilfried tanzte mit Brischidd, und ich beschloß, ganz schnell in Stimmung zu kommen. Also ließ ich Edel auffahren, wir stießen an auf einen prächtigen Abend. Anschließend tanzte ich mit Brischidd. Die Kapelle spielte einen Slowfox, und während wir uns gemächlich drehten, sagte Brischidd : »Ich bin euch allen sehr dankbar.«

»Uns allen? Warum?«

»Weil ihr so fabelhaft zu Wilfried seid.«

Das rührte mich und wärmte mich, aber natürlich sagte ich: »So was will ich gar nicht hören. Wir sind genauso, wie wir sein müssen, ganz selbstverständlich.«

»Ihr seid alle ganz natürlich. Nicht so, als ob ihr dauernd helfen wolltet.«

»Ich ...«

»Brauchst nicht weiterzureden, Wolf.«

»Brauchst auch nicht, Brischidd.« Ich zog sie an mich, sie legte den Arm enger um mich, und das Gefühl in mir für Brischidd ging weit über das hinaus, das ich damals bei diesem Kuß empfunden hatte. »Bist schon in Ordnung, Brischidd.« Sie verstärkte den Druck nicht und sagte nichts und seufzte nicht, und ich dachte: Alles, bloß keinen Flirt mit Brischidd!

Die Kapelle hielt fleißig diese Linie: Stimmungsmusik, Evergreens, das Volk tanzte und sang mit; der Edel, den Moritz bestellte, wäre nicht mehr nötig gewesen. Moritz bezog die anderen an unserem Tisch in die Runde ein, mit einer der Frauen tanzte ich, sie war ein bißchen pummlig, sehr fröhlich und hieß Gudrun. Ist bei euch, redete ich, genauso prima wie jetzt in Güstrow oder Pankow, Großenhain oder Leipzig-Plagwitz, aber warum seid ihr heute abend keine Arzgebirgler?

Klaus Keßler

Das heilige Leipzig

Witzige Erinnerungen an die DDR

Mit trauriger Miene erklärte ein Leipziger während der Frühjahrsmesse 1989 seinem Besucher aus Stuttgart, in diesem Jahr könne in Sachsen Weihnachten nicht mehr gefeiert werden. Auf die erstaunte Frage des Schwaben, ob die DDR-Regierung das Fest etwa verbieten wolle, sagte der Messestädter: »Nein, nein, soweit geht nicht einmal die SED-Führung. Aber Josef ist inzwischen zur Nationalen Volksarmee eingezogen worden, Maria muß wegen der vielen Kollegen, die die Ausreise in die BRD beantragt haben, selbst während der Feiertage arbeiten, die Hirten stehen am antifaschistischen Schutzwall auf Friedenswacht, und die drei Weisen sind über die Ostsee nach Dänemark getürmt.«

Nachdem sich der unkundige Westbesucher von seinem Gesprächspartner erklären lassen hat, daß mit dem »antifaschistischen

Schutzwall« die innerdeutsche Grenze, die Mauer, gemeint ist, will er sich über die Lage in der DDR informieren. Der Sachse antwortet ausweichend, weil er nicht genau weiß, ob er dem Besucher wirklich trauen kann und mit seinem Witz über Weihnachten nicht schon zu weit gegangen ist. Schließlich meint er: »Leipzig ist die erste heilige Stadt im Warschauer Pakt geworden.« Wieso denn das, will der Schwabe nun wissen. »Das ist doch ganz einfach«, erläutert sein Partner, »hier finden jedes Jahr zwei Messen statt und dazwischen wird gefastet.«

Als der Stuttgarter nach der Wende wieder nach Leipzig kommt, gesteht ihm sein Bekannter, er wollte ihm 1989 eigentlich zwei weitere Witze erzählen, habe es aber nicht getan, weil die Stasi in der DDR ja ihre Ohren überall hatte. Dabei sei der eine recht harmlos: Eine Lehrerin liest ihrer Klasse in der Adventszeit einen Text vor, in dem es heißt, Gott habe unter den Menschen drei Fische verteilt. Darauf hebt die kleine Djamila, die Tochter eines SED-Funktionärs, die Hand und sagt vorwurfsvoll: »Aber Frau Köhler, es gibt doch gar keinen Gott, wie ich von meinem Vater weiß.« Die Lehrerin überlegt kurz und antwortet: »Djamila, du mußt das als Gleichnis verstehen. Es gibt bei uns schließlich auch gar keinen Fisch.«

Der Schwabe lacht pflichtschuldig, obwohl ihm die Versorgungslage in der DDR eher fremd ist. Den anderen Witz begreift er jedoch auf Anhieb. Er spielt am Jahresanfang. Ein Mitarbeiter der Stasi verhört einen katholischen Kfz-Mechaniker: »Waren Sie zu Weihnachten in der Kirche?« »Sicher, wie jede Woche.« – »Stimmt es, daß Sie dort die Füße von Jesus Christus am Kreuz geküßt haben?« – »Ja, natürlich.« – »Würden Sie beim Genossen Staatsratsvorsitzenden dasselbe tun?« – »Gewiß, wenn Erich Honecker dort hängen würde!«

Weihnachtsmarkt vor dem Alten Rathaus in Leipzig

Ulrich Frank-Planitz

Meine Pyramide ist die größte

Wenn das Musikzimmer ägyptisch wird

Zur Adventszeit wird mein sonst französisch besetztes Musikzimmer scheinbar ägyptisch. Das Gipsmodell des Voltaire-Denkmals von Jean-Antoine Houdon muß dann einem weiß lackierten Gebilde aus Holz weichen, dessen Vorgänger entfernt an die Grabmale der Pharaonen erinnerten und deshalb »Pyramiden« genannt wurden.

In meiner erzgebirgischen Heimat sind diese Pyramiden, auf deren Spitzen sich mittels Kerzenwärme Flügelräder drehen, die Konkurrenten der aus dem Elsaß stammenden Christbäume. Wer im Erzgebirge streng auf Tradition hält, duldet an Weihnachten oft keinen Baum in seiner Wohnung, sondern besteht auf einem Lichterdrehturm.

In einer schwäbisch-sächsischen »Mischehe« fällt es schwer, solche Vorstellungen durchzusetzen – besonders dann, wenn der daraus hervorgegangene »Mischling« in den Häusern seiner Freunde auf bunt geschmückte Christbäume stößt. Sie imponieren ihm mehr als die Figuren der Weihnachtsgeschichte oder die Berg- und Waldleute aus dem Erzgebirge, die sich auf den hölzernen Tellern der Pyramide drehen. Wer das Glück hat, auf zwei Stockwerken zu leben, wird deshalb gut daran tun, auf einem den Christbaum zu akzeptieren, um auf dem anderen seine Pyramide zu plazieren – im Vertrauen darauf, daß man mit ihr schon deshalb Eindruck schinden kann, weil sie im Stuttgarter Exil exotisch wirkt.

Meine oktogonale Pyramide ist, bis zum Beweis des Gegenteils, mit einer Höhe von hundertsechzig Zentimetern die größte in Stuttgart und gleicht einer barocken Turmspitze. Tatsächlich ähnelt sie den Hauben und Laternen der Türme von St. Katharinen in Hamburg und St. Marien in meiner Geburtsstadt Zwickau, die im 17. Jahrhundert von zwei Brüdern aus Plauen im Vogtland gebaut worden sind. Denn meine Pyramide ist kein 08-15-Produkt vom Weihnachtsmarkt, sondern wurde vor der Wende als Einzelstück angefertigt – ein Symbol für die damals verloren geglaubte Heimat.

Diese Symbolik erschließt sich freilich nur eingeweihten Gästen. Für andere und die meisten Familienmitglieder dient die Pyramide dagegen vor allem der Unterhaltung, weil sie sich meist dann, wenn sie stolz vorgeführt werden soll, eben nicht dreht. Dies gibt immer wieder Anlaß zu guten Ratschlägen. Vielleicht sind die Kerzen zu kurz, meint die Schwiegermutter jedesmal. Nein, der Grund sind die viel zu schweren gedrechselten oder geschnitzten Figuren, erwidert der Sohn, der das Ganze ohnehin für Kitsch hält.

Schon kenntnisreicher, weil ebenfalls aus Sachsen, kommentiert der Vetter den Stillstand: Es liegt an den blauen Flügeln der Pyramidenspitze, die schräger gestellt werden müßten, um die Kerzenwärme in Bewegung umzusetzen. Wann läßt du endlich einen Motor einbauen, fragt schließlich Jahr für Jahr ein schwäbischer Freund, der die Antriebsart für reichlich altmodisch hält.

Kurzum, meine Pyramide ist ein Quell reinster Freude. Deshalb wird sie so früh wie möglich – spätestens am ersten Advent – aufgestellt und auch nicht zu Hohneujahr (hier heißt es Dreikönig) abgebaut: Sie bleibt vielmehr bis weit in den Januar hinein stehen – der Christbaum ist dann längst aus dem Haus, und auch der erzgebirgische Schwibbogen mit den sächsischen Kurschwertern mußte das Fensterbrett schon verlassen. Erst Anfang Februar kehrt der kleine Voltaire zurück, der meine Gäste weit weniger unterhält als das Stück Brauchtum aus meiner Heimat, dem deutschen Weihnachtsland.

Bernd-Lutz Lange

Lebkuchen im Badeanzug

Ich bin altmodisch!

Ich bin altmodisch, das heißt also, ich hänge alten Moden nach. Nicht, daß ich mich wie mein Großvater kleide, nein, die unverwüstlichen Jeans gehören auch zu meinen Beinkleidern, aber ich bin trotzdem ein unmoderner Mensch, einer, der stur an bestimmten Traditionen festhält.

Wie zeigt sich das?

Nun zum Beispiel dadurch, daß es in meiner Wohnung vor dem Totensonntag keinen weihnachtlichen Schmuck gibt. In meiner Kindheit stellten sich übrigens sogar noch die Radiosender in ihrem Musikprogramm auf diesen Tag ein. Und es gab wegen des Gedenkens an die verstorbenen Familienmitglieder keine Tanzveranstaltungen in der Stadt. Einen Tag im Jahr verlebte man etwas anders, ruhiger, nachdenklicher.

Das würden heute viele Menschen nicht mehr aushalten!

Vermutlich gäbe es sogar Menschen, die ohne einen Tag Techno-Rhythmus mit Entzugserscheinungen in eine Klinik eingeliefert werden müßten.

Und so tönt aus den Dudelsendern das alltägliche Gedudel. Und den schwerhörigen und vermutlich vorzeitig aus den Schulen abgegangenen Jugendlichen wird innerhalb weniger Stunden einhundertmal gesagt, daß es sich bei den Liedern um Hits der letzten Jahrzehnte handelt, weil sie diese Information entweder sofort vergessen oder nicht verstehen.

Ich bin altmodisch.

Mich nervt, daß ich Anfang November schon einen weihnachtlich geschmückten Hauptbahnhof in Leipzig betrachten muß. Ich will das nicht! Ich bin nicht darauf eingestimmt.

Nun gibt es leider kein Gesetz, ab wann man die Stadt weihnachtlich schmücken darf. Ich würde eine entsprechende Initiative sofort unterstützen!

Im Sinne der Manager der Bahnhofs-Promenaden bin ich out. Und ich bin das gern! Ich will gar nicht in sein! Den verkaufswütigen Chefs fehlt die wichtigste Eigenschaft für das Weihnachtsfest: warten zu können. Nun tun sie so, als freuten sie sich, es uns weihnachtlich heimelig zu machen. Dabei sollten sie die Heuchelei lassen und ehrlicherweise den Weihnachtsbaum mit Geldscheinen, Schecks und Geldkarten schmücken.

In den Supermärkten tauchen inzwischen ab September die Lebkuchen auf. Der Schokoladenüberzug schmilzt bei der Anlieferung in der Sonne. Es sollen auch schon Menschen im Badeanzug mit Lebkuchen gesichtet worden sein.

Alles, was einmal etwas war, ist nichts mehr.

Ich bin altmodisch.

Ein Lebkuchen stimmte mit seinem würzigen Duft auf den ersten Advent und die beginnende Weihnachtszeit ein. Vorfreude, schönste Freude ... ja, aber heutzutage möglichst ab Sommerende!

Der Kalender wird umgestülpt. Künftig wird es vermutlich so ablaufen: Silvester bis Aschermittwoch ist Faschingszeit, wenn das letzte Konfetti weggekehrt ist, marschieren die Osterhasen in die Regale, die von den Weihnachtsmännern abgelöst werden!

Mich wundert, daß man sich bei den Adventskalendern bisher an den 1. Dezember hält. Es gibt noch Marktlücken! Wo bleibt der gefüllte adventliche Quartalskalender ab 1. Oktober!?

*Nußknacker mit Lebkuchenfrau,
die in und um Dresden Pfefferkuchenfrau heißt
und aus Pulsnitz kommt*

Volkmar Hambeck

»Silber hegten seine Berge«

Vom sächsischen Bergbau zur erzgebirgischen Volkskunst

In der vorindustriellen Zeit lebte die Masse der Bevölkerung auf dem Lande und fand ihr Auskommen in der Landwirtschaft. Noch um das Jahr 1800 waren dies in Deutschland etwa vier Fünftel der Bevölkerung. Im Erzgebirge wie auch in einigen anderen Regionen Deutschlands herrschten allerdings andere Verhältnisse dank der Bodenschätze, die dort gefunden, abgebaut, aufbereitet und teilweise auch verarbeitet wurden. Die nichtbäuerliche Bevölkerung war deswegen hier schon in früheren Zeiten stärker vertreten als anderswo.

Selbstverständlich hat sich auch im Erzgebirge eine bäuerlich-ländliche Volkskunst entwickelt, haben sich die auf dem Lande lebenden Menschen bemüht, die Gegenstände ihres Wohn- und Lebensbereiches durch kunstvolle Bemalungen und Verzierungen zu verschönern oder durch begabte Handwerker verschönern zu lassen – die Möbel zum Beispiel oder die Buttermodeln. Da aber das wirtschaftliche und gesellschaftliche Leben weithin vom Bergbau bestimmt wurde, kamen starke Impulse für das volkskünstlerische Schaffen aus dem Bergmannsstand, wodurch das Erzgebirge sogar zum größten geschlossenen Volkskunstgebiet in Deutschland heranwachsen konnte.

Das sächsisch-böhmische Grenzgebirge trat relativ spät in die Geschichte ein. Das an diesen Gebirgszug nach Norden anschließende sächsische Hügelland und gar die fruchtbare Leipziger Ebene waren früh besiedelte Gebiete, wo um die Zeitwende germanische Stämme siedelten, denen im Zuge der Völkerwanderung slawische Stämme folgten. Alle diese Völkerschaften mieden jedoch dieses mit dichten und unwirtlichen Wäldern bestandene Gebirge. Man nannte es damals Miriquidi, den finsteren Wald.

Erst im Zuge der deutschen Ostkolonisation wurde das Gebirge von deutschen Siedlern, die vornehmlich aus Thüringen und Franken kamen, erschlossen und kultiviert. Noch heute zeugen davon die in fränkischer Bauweise angelegten Gehöfte. Diese bäuerliche Besiedlung und Erschließung des Gebirges begann um die Mitte des 12. Jahrhunderts. In sie schob sich an bestimmten Orten die bergmännische Besiedlung ein. Ihr fehlte das planmäßige und geordnete Vorgehen der bäuerlichen Landnahme. Zudem erstreckte sie sich über Jahrhunderte und war mehr oder weniger dem Zufall überlassen. Sie begann immer dann, wenn an einer Stelle ertragversprechende Erzlager gefunden wurden.

»Preisend mit viel schönen Reden«

Die Erzvorkommen verdankt dieses Gebirge besonderen Umständen bei den Faltungs- und Schrumpfungsvorgängen im Zuge der Oberflächenbildung unserer Erde. Es bildeten sich Risse und Spalten. Aus dem glutflüssigen Magma des Erdinnern stiegen Metalldämpfe auf, die sich beim Erkalten in den entstehenden Hohlräumen als Erzgänge niederschlugen. So entstanden abbauwürdige Silber-, Zinn-, Zink-, Blei-, Nickel-, Kobalt-, Wolfram, Wismut- und Eisenerzlager. Erstmals wurden diese Erzla-

Profil-Querschnitt der Silbergrube Elisabeth in Freiberg.

ger bekannt, als im Jahre 1168 in Christiansdorf in der Nähe der später dort entstandenen Bergstadt Freiberg Silberadern entdeckt wurden. Nachdem sich die Funde als höchst ertragreich erwiesen hatten, strömten viele am Bergbau interessierte Menschen, insbesondere Bergleute aus dem Harz, in das bis dahin kaum besiedelte Gebirge. Bis ins 15. Jahrhundert war Freiberg die bedeutendste Silberfundstätte Deutschlands.

Der schwäbische Dichter Justinus Kerner weist auf den Silberreichtum Sachsens zu jener Zeit in seinem Lied »Preisend mit viel schönen Reden« hin. In der zweiten Strophe dieses Liedes beschreibt der Fürst von Sachsen sein Land mit den Worten: »Silber hegen seine Berge wohl in manchem tiefen Schacht«. Die reichen Silberfunde bei Freiberg wurden erst im Jahre 1466 durch den Silberfund auf dem Schneeberg und im Jahre 1492 durch den Silberfund auf dem Schreckenberg bei Annaberg übertroffen. Auch an anderen Orten wurde Silber gefunden – beispielsweise in Marienberg, Johanngeorgenstadt und St. Joachimsthal auf der böhmischen Seite des Gebirges. Im 15. und 16. Jahrhundert war die Silberausbeute besonders groß. Das gesamte Land Sachsen profitierte davon. In jener Zeit war es eines der reichsten deutschen Länder.

Die große Zeit des erzgebirgischen Bergbaues dokumentiert sich auch in den Kunstwerken, die damals im Auftrage der reichen Bergstädte geschaffen wurden. Der religiösen Einstellung der Menschen entsprechend handelte es sich vornehmlich um sakrale Kunstwerke. Der Freiberger Dom mit seiner Goldenen Pforte und die beiden großen spätgotischen Hallenkirchen St. Annen zu Annaberg und St. Wolfgang zu Schneeberg sind steingewordene Zeugnisse für das künstlerische Niveau der Architektur jener Zeit. Aber auch zur Ausschmückung ihrer Kirchen konnten sich die Bergstädte Werke bekannter Künstler leisten – die berühmte Triumphkreuzgruppe im Freiberger Dom zum Beispiel, den Altar von Lukas Cranach d. Ä. in der Schneeberger St. Wolfgangskirche, einem der größten evangelischen Gotteshäuser Sachsens, oder den prächtigen sechsflügeligen Schnitzaltar von Hans Witten in der Nikolaikirche der reichen Zinnstadt Ehrenfriedersdorf.

Die Gläubigkeit des von steten Gefahren bedrohten Bergmannes und die sich daraus ergebende enge kirchliche Bindung ließen ihn selbst zum Gegenstand sakraler künstlerischer Darstellungen werden. In den bei-

Münzen aus erzgebirgischem Silber.

den berühmten Kanzeln des Freiberger Doms sind bergmännische Vorstellungen eingearbeitet. Die Bergmannskanzel wird von einem Bergmann getragen. Am Fuße der künstlerisch einzigartigen Tulpenkanzel ist die Legende von Daniel, der einem Bergmann das Erz unterm Schatzbaum zeigt, dargestellt. Der Bergaltar von Hans Hesse in der St. Annenkirche zu Annaberg zeigt den Abbau, die Verhüttung und die Verarbeitung des Erzes in künstlerisch einmaliger Weise.

Das »Berggeschrei« verstummte bald

Das Edelmetall Silber wurde allerdings nur an wenigen Stellen gefunden. Um so zahlreicher waren die Fundstellen anderer Erze. Die meisten erzgebirgischen Bergstädte konnten freilich keinen allzu großen wirtschaftlichen Nutzen aus ihrem Bergbau ziehen. Nur wenige hatten Anteil an dem großen »Berggeschrei«, das im 15. Jahrhundert vom Erzgebirge aus durch Deutschland und darüber hinaus erscholl. Die Blüte des sächsischen Silberbergbaues ging zudem nach relativ kurzer Zeit zu Ende; denn

Der Obersteiger mit dem Berg=Insigni.

die Erzvorkommen hatten sich überraschend schnell erschöpft. Die anfänglich so groß erscheinenden Silbervorkommen bei Annaberg und Schneeberg waren nach etwa einem Jahrhundert fast völlig abgebaut. Im großen und ganzen erlosch der sächsische Bergbau im Laufe des 17. und

18. Jahrhunderts. Neben der allmählichen Erschöpfung der Lagerstätten trug auch der rapide Preisverfall beim Silber und bei anderen Erzen infolge billiger außereuropäischer Angebote dazu bei. Der Abbau und vor allem die aufwendige Suche nach abbauwürdigen Lagerstätten waren unrentabel geworden.

Knappschaftsältester.

Freiberg war der einzige Ort im Erzgebirge, an dem der Silberbergbau noch eine Zeitlang fortgesetzt werden konnte. Verbesserte Abbaumethoden ermöglichten dies. Im Jahre 1913 wurde aber auch hier die letzte Schicht gefahren. In geringem Umfang konnte sich der Bergbau an bestimmten Orten halten, so zum Beispiel der Abbau von Blei und Zink bei Brand-Erbisdorf und der Abbau von Zinn bei Altenberg und Ehrenfriedersdorf. Nach 1945 gewann der Abbau von Uranerzen im West-Erzgebirge große Bedeutung. Inzwischen ist auch er erloschen.

Das industrialisierte Gebirge

Trotz seiner nur verhältnismäßig kurzen Blütezeit hat der Bergbau das Erzgebirge nachhaltig geprägt. Er gab ihm nicht nur den Namen, sondern wirkte sich auch siedlungsbildend und verhaltensformend aus. Er brachte eine große Zahl von Menschen aus den verschiedensten deutschen Landschaften und Stämmen ins Erzgebirge und ließ sie mit der schon ansässig gewordenen bäuerlichen Bevölkerung zu einem neuen

Stamm zusammenwachsen. Das an und für sich landwirtschaftlich arme Gebiet bekam eine hohe Besiedlungsdichte mit relativ vielen kleinen Städten. Nach wie vor ist die Bevölkerung betont bergmännisch eingestellt. Das kommt in den Sitten und Gebräuchen, in den Liedern und Laienspielen und nicht zuletzt auch in der Volkskunst zum Ausdruck. Der alte, hier zuerst aufgekommene Bergmannsgruß *Glück auf!* ist heute noch allgemein verbreitet. Selbst die fern ihrer Heimat lebenden Erzgebirger verwenden ihn gerne.

Mit dem Niedergang des erzgebirgischen Bergbaues zerbrach die wirtschaftliche Grundlage dieses dichtbesiedelten Gebietes. Schwere wirtschaftliche Belastungen, Not und Armut waren die unausweichliche Folge. Doch der Bergmann mitsamt seiner Familie ist hart und genügsam. Unter dem Druck der schwierigen Verhältnisse bewies er, daß er in der Lage war, sich umzustellen, um auf andere Weise seine Existenz zu sichern. An und für sich war dies für den erzgebirgischen Bergmann nicht neu. Schon früher war es immer wieder einmal zu schweren Absatzkrisen gekommen, die den Abbau bestimmter Erze in Frage stellten. Die Bergleute und auch alle anderen Beschäftigten, die von diesem Wirtschaftszweig lebten, mußten sich dann notgedrungen nach neuen Verdienstmöglichkeiten umsehen. Der erzgebirgische Bergmann war im Laufe der Zeit anpassungsfähig geworden, weshalb es beim Erlöschen des Bergbaues auch nicht zu einer allgemeinen wirtschaftlichen Stagnation kam.

Tatkräftige und wagemutige Unternehmer konnten neue Erwerbszweige aufbauen. Mit der Heranbildung einer breiten Schicht erfahrener und tüchtiger Arbeiter und Handwerker hatte der Bergbau letzten Endes die notwendigen Voraussetzungen dafür geschaffen. So konnte im Erzgebirge wie auch in den angrenzenden Gebieten Sachsens schon sehr früh eine zunächst handwerklich und manufakturell ausgerichtete Güterproduktion und im 19. Jahrhundert eine dem Wettbewerb gewachsene Industrie aufgebaut werden.

Wie in anderen waldreichen Mittelgebirgen wurde das Holz in zahlreichen Säge- und Papiermühlen verarbeitet und später auch zur Pappen- und Zellstoff-Fabrikation benutzt. Aus den Poch- und Hammerwerken, den Schmiede- und Schmelzhütten der Erzverarbeitung entwickelte sich eine leistungsfähige metallverarbeitende Industrie. Von besonderer Bedeutung wurde daneben die Textilindustrie mit Schwerpunkten in der Wäsche- und Strumpffabrikation, aber auch die Schuhindustrie und die feinmechanische Industrie.

Der Bergmann als Künstler

Begleitet wurde diese Entwicklung – und das ist typisch für das Erzgebirge – von der

Entstehung eines weitverbreiteten volkskünstlerischen Schaffens. Hier sind insbesondere drei Richtungen zu nennen: das Schnitzen, das Klöppeln und die Spielzeugherstellung. Sie alle haben ihre Wurzeln im Bergbau. Volkskunst setzt ein gewisses Maß an Talent, aber auch handwerkliche Fertigkeit, gestalterisches Einfühlungsvermögen und schöpferische Intelligenz voraus. Abgesehen vom angeborenen künstlerischen Talent sind die übrigen Eigenschaften in gewisser Weise bereits im Bergbau gefragt gewesen. Schon in früheren Zeiten stellten die Berg- und Hüttenwerke hochtechnisierte Einrichtungen dar. Die Erstellung, der Einsatz und die Instandhaltung dieser Werke erforderten ein hohes technisches Verständnis und technische Fertigkeiten. Immer wieder mußte darüber nachgedacht werden, wie die verschiedenen Vorrichtungen verbessert werden konnten, um die Arbeit zu erleichtern und mögliche Gefahren abzuwenden.

Vom rein technisch-gestalterischen Gesichtspunkt aus liefert also der Bergmannsberuf gute Voraussetzungen für das volkskünstlerische Schaffen. Das allein genügt freilich nicht, um Menschen dafür zu mobilisieren.

Volkskunst hat nicht nur eine technische, sondern auch eine emotionale Seite. Wenn das Werk auf den Betrachter, Käufer oder Benutzer wirken soll, dann muß sein Schöpfer auch mit dem Herzen dabei sein. Der Betrachter sollte etwas spüren von der Liebe, mit der er ans Werk gegangen ist. Die Bergleute und ihre Frauen haben sich als Schnitzer, Klöpplerinnen und Spielzeughersteller zwar nicht von Anfang an als Volkskünstler gefühlt, sondern sich von dieser Tätigkeit in erster Linie eine Verbesserung ihres Einkommens versprochen. Aber sie verbanden ihre Freude an Farben und Formen, ihre Vorliebe für das Schöne mit der harten Notwendigkeit der Existenzsicherung.

Schnitzen und Basteln

Das Schnitzen und Basteln hat sich als volkskünstlerische Richtung speziell im westlichen Teil des Erzgebirges um Schneeberg entwickelt. Von vornherein war dies eine Feierabend- und Freizeitbeschäftigung und ist es bis heute geblieben. Angefangen hat es damit, daß begabte Bergleute ihre Arbeitsstätte in Holz nachbildeten. Man baute diese Modellbergwerke aber nicht nur für sich selbst, sondern auch zur Schaustellung, um damit das karge Einkommen aufzubessern. Invalid gewordene Bergleute zogen mit diesen kleinen technischen Kunstwerken auf dem Rücken – man nannte sie deshalb Buckelbergwerke – auf Messen und Märkte, um sie dort gegen einen Obolus vorzuführen. Daraus entwickelte sich allmählich die Figurenschnitzerei.

So wie der Bergmann die Symbolfigur des Erzgebirges geblieben ist, so steht er dort auch heute noch im Mittelpunkt des Schnitzens und Bastelns. Auch frühere Nutzgegenstände aus dem Bergbau wie der Schwibbogen wurden zu künstlerisch gestalteten Lichtträgern. Den Höhepunkt stellen zweifellos die Weihnachtspyramiden und die Weihnachtsberge dar. Die enge Verbundenheit des Erzgebirgers mit seiner Heimat findet bei der Gestaltung der Weihnachtsberge ihren Ausdruck, indem die Geburt Christi in heimatliche Gefilde verlegt wird. Aus dem Stall wird dann eine Bergwerkskaue, aus der Heiligen Familie ein Bergmanns-Ehepaar und aus den Königen und Hirten werden Bergleute. Selbstverständlich wird die Weihnachtsgeschichte auch im originären orientalischen Stil dargestellt.

Um das Schnitzen und Basteln zu fördern, bildeten sich gegen Ende des vorigen Jahrhunderts Schnitzergemeinschaften. Der erste dieser Schnitzervereine entstand im Jahre 1879 in der Bergstadt Lößnitz. Es ist bezeichnend, daß dieser Lößnitzer Schnitzerverein »Bergverein« genannt wurde. Auch die Vereinsorgane trugen bergmännische Bezeichnungen. Der erste Vorsitzende wurde als Bergverwalter, der zweite als Obersteiger bezeichnet. Die einfachen Mitglieder hießen Steiger. Der Kassierer war der Schichtmeister, der Schriftführer der Schichtschreiber. Das Vereinslokal hieß Huthaus. In diesem Schnitzerverein wurde also bewußt die Bergbau-Tradition gepflegt.

Im Lößnitzer Schnitzerverein legte man Wert auf Gemeinschaftsarbeiten. Weithin bekannt wurde der achtzehn Meter lange orientalische Berg, der das Leben Jesu zeigte. 1923 wurde er im Rahmen der Ausstellung »Sport und Spiel« in Dresden einer breiten Öffentlichkeit vorgeführt. Leider ist dieses große Gemeinschaftswerk im Jahre 1965 einem Brand zum Opfer gefallen. Eine rührige Schnitzergemeinschaft führt die Arbeit des traditionsreichen Lößnitzer Bergvereins bis in die heutige Zeit fort. Auch an anderen Orten bestanden und bestehen solche Gemeinschaften, die zur Erhaltung und Förderung der alten bergmännisch begründeten Volkskunst beitragen wollen.

Barbara Uttmann läßt klöppeln

Eine zweite, für das Erzgebirge typische Volkskunst ist das Spitzenklöppeln. Es wurde allerdings nicht im Erzgebirge entwickelt, sondern aus den Niederlanden übernommen. Als um die Mitte des 16. Jahrhunderts infolge einer Krise im Bergbau große Not in den Familien der Bergleute herrschte, wurde das Spitzenklöppeln als eine Möglichkeit des Ausweichens auf andere Verdienstmöglichkeiten erkannt. Barbara Uttmann, die Frau eines Annaberger Bergherrn, setzte sich tatkräftig für die Einführung dieses Gewerbezweiges ein. Innerhalb weniger Jahrzehnte breitete sich das Spitzenklöppeln über das gesamte mittlere und westliche Erzgebirge aus. Es waren vornehmlich Frauen, die dieses Gewerbe in Heimarbeit ausübten. In Notzeiten oder saisonbedingten Wirtschaftsflauten klöppelten auch erwerbslose Bergleute und arbeitslose Männer aus anderen Berufen mit. Im 18. und 19. Jahrhundert lebten im Erzgebirge, je nach Auftragslage, zwischen 20 000 und 40 000 Menschen vom Spitzenklöppeln. Etwa dieselbe Anzahl klöppelte im Nebenerwerb oder für den eigenen

Bedarf. Noch zur Zeit unserer Groß- und Urgroßeltern gab es fast in jeder erzgebirgischen Familie einen Klöppelsack.

Das Klöppeln erfordert nicht nur eine gute Handfertigkeit, sondern auch eine gewisse schöpferische Begabung und gestalterisches Einfühlungsvermögen beim Ersinnen der Muster und bei der Umsetzung der Muster in Spitzen. Trotz der gewerbemäßigen Herstellung blieb die Spitzenklöppelei auf Grund dieser Ausgangslage ein Zweig der Volkskunst.

Immer wieder wurde der überkommene Bestand an Musterbriefen von den Klöpplerinnen und den Klöpplern durch neue Formen ergänzt und erweitert. Selbst die später aufgekommene Spitzenindustrie konnte das Handklöppeln nicht völlig verdrängen. Noch heute ist die »Handspitze« ein begehrter, wenn auch teurer Artikel.

Inzwischen wird das Spitzenklöppeln im Erzgebirge fast nur noch als Freizeitbeschäftigung betrieben. Eine Klöppelschule in Schneeberg ist bemüht, diesen Zweig der erzgebirgischen Volkskunst zu erhalten. Sogar im Westen Deutschlands ist das Spitzenklöppeln eine beliebte Freizeitbeschäftigung geworden. Im oberfränkischen Nordhalben, unmittelbar an der bayerisch-thüringischen Grenze, besteht eine Klöppelschule.

Drechsler und Spielzeugmacher

Die dritte Richtung der erzgebirgischen Volkskunst ist die Spielzeugherstellung. Sie entstand im Ost-Erzgebirge und hat sich im Laufe der Zeit zu einem bedeutenden und weltbekannten Gewerbezweig weiterentwickelt. Die erzgebirgische Spielzeugherstellung ist aus der Holzverarbeitung hervorgegangen. Der eigentliche Anstoß zu ihrer Entstehung kam aber aus dem Bergbau. Schon nach dem Dreißigjährigen Krieg hatte sich neben der Landwirtschaft und dem Bergbau im waldreichen Ost-Erzgebirge die Holzverarbeitung zu einem beachtlichen Gewerbe entwickelt. Zunächst wurden Gebrauchsgegenstände wie Teller, Spanschachteln und Kisten gefertigt, im geringen Umfang auch Spielzeugsachen wie Trommeln, Pfeifen und Trompeten. Erst unter dem Zwang der Verhältnisse erfolgte der Durchbruch zur Spielzeugherstellung im großen Stil, vor allem im Bergflecken

Seiffen, einst einem bedeutenden Abbauort von Zinn. In der zweiten Hälfte des 18. Jahrhunderts kam der Abbau von Zinnerz völlig zum Erliegen. Die nicht mehr benötigten Pochwerke wurden nun zum Antrieb von Drechselbänken verwendet und die arbeitslos gewordenen Bergleute zu Drechslern und Spielzeugmachern umgeschult.

Während man zunächst nur die schon vorhandene Herstellung von Haushaltsartikeln verstärkt betrieben hatte, rückte allmählich die Spielzeugproduktion in den Vordergrund. Zu ihrer sprunghaften Ausweitung kam es, als zu Beginn des 19. Jahrhunderts die Technik des Reifendrehens erfunden und zur Herstellung von Holzfiguren eingesetzt wurde. Diese Verfahrenstechnik wurde im Ost-Erzgebirge entwickelt und ist für die dortige Spielzeugherstellung charakteristisch. Im Laufe des 19. Jahrhunderts wurde durch konsequente Arbeitsteilung rationalisiert. Einzelne Herstellerfamilien, oft sogar ganze Ortschaften, spezialisierten sich auf die Produktion bestimmter Artikel. Die Einzelartikel wurden erst bei den Verlegern zu Spielzeugsortimenten zusammengestellt und in Spanschachteln verpackt. Als »Erzgebirgische Schachtelware« waren sie an allen bedeutenden Spielzeugmärkten des In- und Auslandes gefragt.

Trotz gewerblicher Produktionsweise und Serienfertigung hat das erzgebirgische Spielzeug seinen volkskünstlerischen Charakter bewahrt. Seine liebevolle Ausführung kündet von der persönlichen Verbundenheit der Hersteller mit ihren Erzeugnissen. Das einfallsreiche bildnerische Schaffen der Spielzeugmacher brachte auch die verschiedensten Formen an gedrechselten Pyramidenfiguren, lichttragenden Bergmännern und Engeln, Nußknackern und Räuchermännern hervor. Gerade diese Figuren haben für die Ausgestaltung des Weihnachtsfestes im Erzgebirge seit jeher eine besondere Bedeutung gehabt. Inzwischen sind die typisch erzgebirgischen Weihnachtsfiguren weltweit bekannt geworden.

Die Volkskunst der erzgebirgischen Bergleute war also von Bestand. Sie hat selbst den bis auf wenige Reste erloschenen Bergbau Sachsens überdauert, dessen Tradition in ihr fortlebt. Und sie hat das Erzgebirge als Weihnachts- und Spielzeugland rund um die Erde berühmt gemacht.

Christoph Grauwiller

Türken, Klöße und Slowaken

Die erzgebirgischen Spielzeugdörfer und ihre Figuren

Im Erzgebirge gibt es tatsächlich ein Dorf, das den Namen Seiffen trägt. Wer dabei gleich ans Händewaschen denkt, hat nicht einmal so unrecht. Das Dorf wird 1324 erstmals urkundlich als »cynsifen« erwähnt, was soviel wie »Zinnwäsche« bedeutet. Das heutige Spielzeugdorf ist also ursprünglich ein Bergbaudorf, denn von den kargen Erträgen der Landwirtschaft kann man auch heute kaum leben.

Die harten, schneereichen Winter trugen der Seiffener Gegend den Spitznamen »Sächsisches Sibirien« ein. Winterweizen und Gerste werden oberhalb von 600 m ü. M. nicht mehr angebaut, die Obstbäume bringen keinen rechten Ertrag mehr, und so bleiben nur der Roggen, der Hafer und die Kartoffel als magere Grundlage für die Landwirtschaft. So war man von jeher auf zusätzlichen Verdienst angewiesen, den man im Bergbau fand und der um 1750 durch das Gewerbe der Holzdrechsler langsam abgelöst wurde.

Diese drechselten ursprünglich hölzerne Nadelbüchsen und Knöpfe zu den Bergmannsuniformen, aber auch allerlei Alltags- und Gebrauchsgegenstände wie Quirle, Küchengefäße, Spindeln und vielleicht auch schon einmal eine einfache Holzpuppe. Bereits vor 1800 stellte man auch einfaches und rohes Holzspielzeug her, welches sehr bald für das Erzgebirge typisch wurde und als »Seiffener Ware« in die Welt ging.

Um 1804 konnte K. August Engelhardt in »Merkels Erdbeschreibung« feststellen: »Der beträchtliche Erwerbszweig aber hiesiger Gegend, besonders in Seiffen, Heidelberg, Einsiedel, Niederseiffenbach und Deutschneudorf, ist die Holzwarenmanufaktur, welche 2000 bis 3000 Menschen unmittelbar ernährt ... Allein seit 50 Jahren ist die Mannigfaltigkeit und Schönheit der Waren, damit aber auch der Absatz unglaublich gestiegen. Man fertigt jetzt außer zahllosen Arten von Figuren, Kästchen und Büchschen ... besonders die jetzt so beliebten kleinen Häuser, Paläste, Kirchen, Bäume, Mauern, Zelter, Bauhölzer etc., aus welchen Kinder nach Gefallen ganze Städte, Festungen, Klöster, Gärten, Ställe, Schuppen etc. zusammensetzen können.«

Die Spielzeugdörfer

Das Drechslerhandwerk verbreitete sich relativ schnell in die Nachbarorte, die zum Teil von böhmischen Einwanderern besiedelt wurden. So entstanden zwischen 1617 und 1666 Deutscheinsiedel, Deutschneudorf, Heidelberg und Ober- und Niederseiffenbach. Bereits 1668 werden in Niederseiffenbach »Schachtelmacher« namhaft gemacht. Dieser Umstand deutet ebenfalls darauf hin, daß diese für die Seiffener »Füll- und Schachtelware« charakteristische Verpackung schon damals diesem Zwecke gedient haben dürfte.

In Deutschneudorf faßte die Papiermaché-Fabrikation Fuß, in Blumenau produzierten Carl Fritzsche, Ernst Reuther, Gotthard Drechsel und die Firma Louis Engel Baukästen und Legespiele in hervorragender Qualität. Schachbrettfiguren kamen aus Borstendorf, Baukästen mit Glanzbildwürfeln aus dem böhmischen Gebiet, und in Eppendorf, Kleinhartmannsdorf und Grünhainichen bildeten sich eigentliche Puppenmöbelzentren, die beliebten Kegelspiele wurden in Rothenthal hergestellt. Aus all diesen Gebieten bezogen die Verlagshäuser ihre Waren, stellten sie zusammen und belieferten den Markt.

Am Beispiel einer Arche Noah läßt sich leicht zeigen, was an Zusammenarbeit nötig wurde, bis dieses Spielzeug ausgeliefert werden konnte: Der Verleger in Olbernhau bestellte beim Archenmaler in Hallbach eine gewisse Anzahl von Archehäusern. Der Maler leitete diesen Auftrag an den Weißbauer weiter, der seinerseits seinen Holzbedarf bei der Sägemühle in Pfaffroda anmeldete. Die zugesägten Brettchen wurden dann vom Weißbauer zusammengeleimt und -genagelt und zur Weiterverarbeitung dem Maler übergeben, der sich je nach Dekor in der Zwischenzeit mit farbig bedruckten Papieren, Farben, Lack oder zuweilen gar mit gefärbtem Stroh für Strohintarsien eingedeckt hatte. Die fertigen Archehäuser wurden von Botenfrauen nach Olbernhau getragen.

Der Verleger rüstete die Archen mit den Figuren aus, die er vom Männchenmacher in größeren Mengen auf Lager bezog und ergänzte sie je nach Verkaufspreis mit mehr oder weniger Tieren, die zudem von bester, mittlerer oder gar minderer Qualität sein konnten. So wurden auch Städte und Dörfer, Schäfereien und Menagerien mit Bäumchen, Menschen, Zäunen und anderer Füll- und Schachtelware auf Holzwolle gebettet, in Spanschachteln sortiert und in den Handel gebracht.

Die Spielzeugmotive

Wer die »verkleinerte Welt der Spielwaren« verstehen will, muß sich mit der großen Welt Seiffens beschäftigen. Mitten im Einflußbereich bedeutender Städte wie Dresden, Prag, Leipzig ahmten die Seiffener anno 1779 mit dem Bau ihrer unverwechselbaren Rundkirche die Dresdner Frauenkirche nach. Zu Tausenden ist dieses Wahrzeichen als Spielzeug in die weite Welt verschickt worden, meistens mit Häuschen, Tännchen und einer Kurrende ergänzt. Die Kurrende ist ein kirchlicher Knabenchor; in diesen wurden ursprünglich Kinder bedürftiger Familien aufgenommen, die so zum bescheidenen Einkommen beitragen konnten. Wenn auch schon lange kein Bergmann mehr in Seiffen lebt, gehören doch Bergparaden zum Motivschatz.

Die Produktion großer Mengen an Tieren führte zu verschiedenen Zusammenstellungen. So wurden die Haustiere in einer Meierei zusammengefaßt, die Schäferei wurde mit Herdentieren gebildet, die Menagerie umfaßte hauptsächlich wilde Tiere, und die Jagdtiere wurden zusammen mit Hundemeute und eleganten Jägern in barocker Kleidung in Jagden zusammengefaßt.

Aus dem Leben gegriffen sind die wenige Zentimeter großen Dorfszenen und Jahrmarktdarstellungen mit Glücksrad, Eisverkäufer, Litfaßsäule, Kurparkorchester und einer bunten Vielfalt an Fahrzeugen, Marktbuden und Figürchen. Immer kommt der Wille zum Ausdruck, auch bei den kleinsten Miniaturen bis zur kleinsten Einzelheit ein getreues Abbild des großen Vorbildes zu schaffen. So ließ sich Walter Werner 1982 durch den Faksimiledruck »Die historische Bergparade anläßlich des Saturnusfestes im Jahre 1719« zur Gestaltung zweier Figurengruppen von Bergleuten anregen. (Dieser Bergaufzug fand anläßlich der Vermählung des sächsischen Kurprinzen mit der Erzherzogin Maria Josepha von Österreich im Plauenschen Grund bei Dresden statt; mit ihm wollte August der Starke die Wirtschaftskraft Sachsens unterstreichen).

Engel und Bergmann

So wie das Zechenglöcklein vom ordentlichen Gang in der Grube kündete, so waren der Lichterengel und der Lichterbergmann am Fenster ein Zeichen für den von der Schicht heimkehrenden Vater. Bis heute hat sich bei vielen der Brauch erhalten, der verlangt, daß man in den Weihnachtstagen zwischen dem 30. November und dem 6. Januar für jedes Mädchen einen Engel und für jeden Knaben einen Bergmann als abendliche Beleuchtung ans Fenster stellt. So kann man den Kinderreichtum der Familien von den Fenstern ablesen.

Der Engel in seinem weißen Gewand stellt die Reinheit und Unschuld dar. Die grüne Schürze ist sehr charakteristisch und steht für das Symbol des Dienens. Oft wurde der in alter Dockenform gedrehte Körper mit Blumengirlanden verziert. Geprägte Goldborten wurden wie Spitzensäume aufgeklebt, und die Flügel wurden mit je drei Goldsternen oder Goldplättchen geschmückt. Als Zeichen seiner himmlischen Herkunft trägt der Lichterengel eine Krone.

Obwohl Engel und Bergmann als Paar nicht mehr zu trennen sind, ist der Bergmann viel jünger. Als Grundform verwendete man auch die Dockenform, wobei man aber darauf achtete, die Taille nicht so stark einzuschneiden. Auch der Bergmann war in seiner unterirdischen Werkstatt auf das Licht angewiesen. Es ist darum verständlich, daß diese Figur als Lichterträger auserlesen wurde. Zum schwarzen Grubenkittel, der auf der Brustmitte geknöpft wird, trägt er eine weiße Hose, wie man das an Bergparaden noch heute sehen kann, und den typischen Schachthut des Bergmanns, der seit jeher mit goldfarbenen Schlägel und Eisen verziert ist.

Weihnachtspyramiden

Wer erstmals auf die Idee kam, mittels Kerzenwärme ein Flügelrad und damit eine ganze kleine Welt in Bewegung zu setzen, weiß man nicht. Man vermutet, es seien Bergleute irgendwo im Erzgebirge gewesen. Die ältesten noch vorhandenen Exemplare datieren um 1830. Allerdings handelt es sich weitgehend um Einzelstücke, denn erst am Anfang des 2o. Jahrhunderts stellte die Firma C. L. Fleming in Globenstein Pyramiden in Serie her.

Als typisches Beispiel gewerblicher Produktion werden »die weißlackierten Pyramiden Seiffener Produktion genannt«.

Gerade bei älteren Pyramiden ist die Figurenbestückung interessant. Auf dem untersten Teller, mit Waldtieren und Jagdszenen beginnend, folgen auf den nächsten Etagen die Weihnachtskrippe mit der Geburtsszene, dann ein Teller mit Hirten oder Bergleuten, und zuoberst waren posaunenblasende Engel, die Soldaten des Herodes oder vielleicht aus Verlegenheit nur einige Hühner.

Es gab aber immer auch unweihnachtliche Pyramiden, die das Leben im Bergwerk zeigen wollten. Diese Göpelwerk- und Bergparadepyramiden werden bis heute in Serien hergestellt.

Während des Zweiten Weltkrieges gingen jede Weihnacht neue Serien von zerlegbaren Stabpyramiden an die Front. Diese von Max Schanz entworfene und später mit verschiedenen Figuren von Elfriede Jahreiss bestückte Pyramide ist noch heute im Handel.

Räuchermännchen

Die Geschichte der Räucherkerzchen ist älter als die der Räuchermännchen. Schon im Altertum wurden vorwiegend zu kultischen Zwecken Kräuter, Harze und Hölzer verschwelt. Neben dem wohlriechenden Geruch war sicher auch der Wunsch, böse Geister zu vertreiben und gute ins Haus zu locken. »Zu einem rechten Weihnachten gehört noch immer im Haus der Duft der Räucherkerzchen« heißt es im Deutschen Spielzeugbuch.

Bereits um 1800 wird im Bestelmeier-Magazin unter der Nummer 708 ein rauchender Husar dargestellt und wie folgt beschrieben. »Ein Tabaksschmaucher auf einem Kästchen. Wenn man in das Kästchen ein brennendes Rauchkerzchen stellt, so geht zum Munde der Figur der Rauch heraus, und es sieht natürlich als ob sie Tabak rauche.« Nachdem die Gewohnheit des Rauchens aufgekommen war, wurden in der Gegend von Sonneberg in Manufakturen zwischen 1820 und 1830 Räuchermännchen aus Papiermaché charakteristisch. Die ersten Räuchermännchen tauchen im Erzgebirge erst um 1850 herum auf. So sind im Olbernhauer Musterbuch »Schornsteinfeger und Slawonier« abgebildet. Ihre Schöpfer sollen zum größten Teil in Heidelberg bei Seiffen gewohnt haben.

Beliebte Motive sind Türken und Rastelbinder, die letzteren werden im Duden als Siebmacher und Kesselflicker bezeichnet. Diese Pfannenflicker, meist sollen es Slowaken gewesen sein, zogen noch um 1900 durch die Gegend und hätten in gebrochenem Deutsch den Spruch gerufen: »Mausifalli, Ratzifalli, alles was se haben wollen, Pfännle, Töpfle, Näpf und Tiegel, Stürzen, Löffel, Kleiderbügel, einzustrikken Form und Faß. Gute Madam' kauf se was.« Ein anderes altes Motiv stellt die Kloßfrau dar. Da steigt der Rauch dampfend aus einer prächtig mit Klößen gefüllten Schüssel.

Die Räucherkerzchen werden heute noch nach einem gut gehüteten Rezept hergestellt. Den Hauptanteil liefert die Firma Knox im Mohron-Grund bei Dresden. Die Kerzchen sind in verschiedenen Farben und Duftnoten erhältlich: India, Weihrauch, Lavendelblüte, Sandelholz, Myrrhe und noch elf andere Sorten aus vietnamesischen, afrikanischen oder kleinasiatischen Harzen. Man vermischt Holzmehl oder Holzkohle mit den erwähnten Duftträgern und parfümiert sie noch mit Moschus, Ambra, Gewürznelken, Benzoe Sumatra und Tabac de Tonco.

Weihnachtsberge und Nußknacker

Es gibt ganz kleine Weihnachtsberge, aber auch große Gemeinschaftsarbeiten. Die einen erzählen vom Bergbau, die andern von der Weihnachtsgeschichte, und die dritten stellen den Erzgebirgswinter mit Rodlern, Skiläufern und sogar mit Schanzenspringern dar. Der eine Weihnachtsberg wird durch ein raffiniert ausgeklügeltes System an Zahnrädern, Ketten, Gestängen etc. angetrieben, der andere begnügt sich mit einer beschaulichen Winterlandschaft und beleuchteten Häuschen.

Bereits im 16. Jahrhundert werden figürliche Nußknacker erwähnt. Offenbar bestand eine gestalterische Beziehung zu den Röhner Wackelfiguren oder zu den Grödener Groteskfiguren. So war der Nußknacker von Anfang an eine Spottfigur. Im Münchner Bilderbogen Nr. 226 wird bereits um 1858 ein »Brüderpaar Nußknakkius« vorgestellt, welches die noch heute übliche randlose Mütze trägt, wie sie die Bergleute im Erzgebirge immer getragen haben.

Michael Schmirler

»Der Keilberg ist am steilsten«

Die komischen Verse des verkannten Erzgebirgs-Poeten Arthur Schramm

Der Schriftsteller, Publizist und Buchhändler Klaus Walther hat Arthur Schramm 2002 augenzwinkernd zu den »Hundert sächsischen Köpfen« gezählt – neben Dichtern wie Paul Fleming, Christian Fürchtegott Gellert, Theodor Körner und Novalis, aber auch neben Schriftstellern wie Hedwig Courths-Mahler und Karl May. Schramm selbst hat sich stets höher eingeschätzt: »Goethe, Schiller, Arthur Schramm, sind die Besten, die wir ham.«

Mit diesem Anspruch ging er weit über die Selbsteinschätzung von Friederike Kempner hinaus, die im 19. Jahrhundert in ihrer Lyrik das an unfreiwilliger Komik bot, was man auch ihrem geistigen Urenkel in unserer Zeit nachsagt. Der 1895 in Annaberg geborene Posamentenhändler wollte jedenfalls hoch hinaus – nicht nur als Autor, sondern auch als Erfinder. Auf beiden

Feldern war er erfolglos, auch wenn er es zum Mitglied der NS-Reichsschrifttumskammer brachte. Damals himmelte er zum Dank Adolf Hitler an:

»Der Führer ist ein großer Mann,
ich streng mich gerne für ihn an.«

Ob er diesen Vers wirklich geschrieben hat, weiß niemand. Das gilt für viele Sprüche, die von ihm stammen sollen und die ihn auch jenseits des Erzgebirges populär gemacht haben. Zwar hat er seit den fünfziger Jahren seine gerahmten Gedichte selbst verkauft, weil sie niemand verlegen wollte, aber ob darunter auch die Zeilen sind, die immer wieder für Erheiterung sorgen, läßt sich nicht mehr ermitteln:

»Der Pöhlberg ist steil. Schi heil!
Der Fichtelberg ist steiler. Schi heiler!
Der Keilberg ist am steilsten. Schi
                      heilsten!«

Nach 1945 wollte sich der verkannte Poet, den nicht wenige wegen der ihm zugeschriebenen Sprüche für eine Witzfigur halten, mit den neuen Machthabern ebensogut stellen wie mit den alten. Stammt aus seiner Feder deshalb folgender Vers?

»Sommer, Sonne, Wellenpracht,
Badehose, Sowjetmacht.«

Glaubwürdiger wirkt da schon der Zweizeiler, der seine Geburtsstadt besingt, in der er 1994 im Alter von 98 Jahren gestorben ist und der er auch anspruchsvollere Texte gewidmet hat:

»Mei Annaberg, ich hab dich gern,
lieber noch als manche Deern!«

Klaus Walther hat sein Schramm-Porträt in dem Buch »Hundert Sächsische Köpfe« »Ein Leben voller Tragik und Komik« überschrieben. »Nun, ein Dichter war er nie«, heißt es da. Aber zitiert werden die ebenso seltsamen wie drolligen Sprüche, die mit seinem Namen verbunden sind, im Erzgebirge bis heute – häufiger als die Gedichte von Fleming, Gellert, Körner und Novalis:

»Im Wald, da steht ein Ofenrohr.
Stellt Euch mal die Hitze vor.«

Friedrich Barthel

Moosmänner und Zuckermännle

Symbole vogtländischer Weihnacht

Das Symbol vogtländischer Weihnachten ist der Moosmann. Obwohl er für das gesamte Vogtland typisch ist, stellt er nur noch in einigen Gegenden lebendigen Brauch dar. In den weiten Waldgebieten im Osten, Südosten und Nordwesten des Vogtlandes wurde der Moosmann als Träger, des Weihnachtslichtes noch in der zweiten Hälfte des 19. Jahrhunders gebastelt.

Kernstück der Figur war der sogenannte »Bankert«, ein einfaches Holzskelett aus ungefügem Rumpf mit angenagelten Armen und eingefügten Beinen. Hände und Füße, meist von geübten Schnitzern bezogen, wurden an Arme und Beine geleimt. Auch die Köpfe lieferten die Schnitzer, sofern sich die Bastler nicht damit begnügten, ihren Moosmann mit einem Kopf aus Porzellan oder später aus Zelluloid zu versehen. Der Moosmann erhielt einen Anzug aus Pappe, den meist die Frau anfertigte und der – das ist das Wesentliche – ganz und gar mit Moos beklebt wurde. In der einen Hand trug der Moosmann das Weihnachtslicht, in der anderen einen Baumast als Wanderstab.

Bei dieser primitiven Form sind die Bastler nicht stehengeblieben. Im Laufe der Jahre sind Moosmänner in der Gestalt von Rittern, Soldaten, Jägern, Förstern und Waldgängern entstanden, die an Stelle des einfachen Weihnachtslichtes einen kleinen Drehturm, einen Schwibbogen oder ein Tannenbäumchen trugen.

Wenn die Alten Moosmänner bastelten, dann trieb sie nicht selten bittere wirtschaftliche Not dazu. »In den Städten suchen arme Kinder einige Groschen zu verdienen, sie bauen Pyramiden von Holzstäben, die mit Moos oder buntem Papier umkleidet und an welche Dillen mit Lichtern befestigt werden. Oder sie verfertigen in Reichenbach Moosmänner, um sie am Christmarkte feilzubieten.« Das schrieb Johann August Ernst Köhler 1867 in seinem Werk über »Volksbrauch, Aberglauben, Sagen und andre alte Überlieferungen im Voigtlande«, der ersten Gesamtschau vogtländischer Volkskunde.

Der Moosmann als Weihnachtsfigur geht auf den Moosmann der Sage zurück, der – selbst in tiefster Not lebend – guten Menschen in ihrer Armut jederzeit helfend zur Seite stand. Moosmann und Moosweibel, nur drei Fuß hoch, lebten im tiefen Wald unter Baumstöcken und in Höhlen, nährten sich kümmerlich von Wurzeln und Früchten des Waldes und kleideten sich notdürftig mit Moos und Tannenzweigen. Sie hatten nur einen Feind, den »Wilden Jäger«. Vor ihm und seinem Gefolge waren sie sicher unter den Baumstämmen und -stöcken, in die die Holzhauer drei Kreuze geschlagen hatten. Den Menschen waren die Moosleute freundlich gesinnt. Sie halfen besonders den Armen, und das Laub – drei Handvoll mußten es sein –, mit dem sie gute Taten belohnten, verwandelte sich in Gold, so daß die Not der armen Wäldler ein Ende nahm.

Nach Ansicht der Volkskundler erinnert der das Weihnachtslicht tragende Moosmann an das im Winter unter warmen Moosen ruhende Leben und an die wiederkehrende Sonne. Sollte der vogtländische Moosmann im Grunde nicht das Ebenbild des fleißigen, hilfsbereiten und doch so bitterarmen Waldarbeiters vergangener Zeiten sein, der sich aus Not und Unterdrückung nach einem freien, glücklichen Leben sehnte und dem das in der Finsternis strahlende Weihnachtslicht Glauben und Kraft gab?

Zum vogtländischen Tannenbaum gehört als heimatlicher Schmuck das Zuckermännel. Zunächst waren es Dorf- und auch Stadtbäcker, die berufsmäßig Zuckermännle als Tannenbaumschmuck herstellten. Es ist erwiesen, daß der Bäcker in Gunzen bei Markneukirchen seine Backformen auch an die Kunden verborgte, daß die Bäckersfrau in Theuma bei Plauen mit Männlen eigener Herstellung auf die Weihnachtsmärkte zog und daß in Bäckereien der Stadt Elsterberg Kinder beim Bemalen der Zuckermännle halfen.

Daneben wurde die Zuckermännlebäckerei als weihnachtlich-volkstümliche Backkunst gepflegt. So buken im Bauerndorf

Gunzen die Bäuerinnen zur Freude der Kinder Zuckermännle. In Werda bei Falkenstein, das der Mittelpunkt der Zuckermännlebäckerei im Vogtland war, wurden die Zuckermännle nicht wie in Gunzen allenthalben in den Familien gebacken. Hier waren es vor 1900 etwa zehn untereinander verwandte Familien, die vor Weihnachten des Nebenverdienstes wegen, später aber aus Tradition Zuckermännle herstellten und vertrieben.

Da das Backrezept geheimgehalten wurde, fand der schöne Brauch des Zuckermännlebackens selbst in Werda keine allgemeine Verbreitung, wenngleich jede Familie den Tannenbaum voller Stolz mit dem einheimischen, im gesamten Vogtland viel und gern gekauften Zuckerwerk schmückte.

Bis nach Tannenbergsthal, Bad Brambach, Plauen und Reichenbach trugen die Werdaer Zuckermännle-Frauen im Tragkorb ihre süße Last. In den »Klingenden Tälern« wurde in der Vorweihnachtszeit der »Zuckermännle-August« von alt und jung freudig begrüßt, und auf dem Plauener Weihnachtsmarkt wurden Werdaer Zuckermännle als »Marzepah« aus großen, mit Blech ausgeschlagenen Kisten feilgeboten.

Heute ist es kein Geheimnis mehr, daß beim Backen außer Mehl, Milch, Eiern und Zucker Hirschhornsalz als Treibmittel Verwendung findet. Es kommt nur auf die richtige Mischung an.

In den niedrigen Bauern-, Weber- oder Handwerkerstuben in Werda wurden die Zuckermännle in der Röhre des großen eisernen Ofens gebacken, danach abgebürstet und von den Familienangehörigen und Hutzenleuten traditionsgemäß grün und rot bemalt. Jede Familie hatte eine eigene Art der Bemalung entwickelt. Nicht selten wurden Zuckermännle, die mit rotgefärbtem Zucker bestreut waren, noch mit Zuckerguß verziert oder mit allerlei Bildchen und Sprüchen, den sogenannten »Reimlen«, beklebt.

Die blechernen Ausstechformen stellte der »Flaschner« her, der Klempner des Dorfes. Die Reihe der verwendeten Formen ist lang. Voran marschieren Männel, Weibel und »Pferreiter« – die Zuckermännle im eigentlichen Sinne –, dann folgen die Haustiere wie Pferd, Katze, Hund, Schwein, Hahn, Hase, Vogel. Dinge aus dem täglichen Leben und dem Erfahrungskreis des Menschen schließen sich an: Stern, Herz, Baum, Brezel, Handkorb, Trompete, Schlüssel, Tabakspfeife, sogar das alte »Löffelgehäng«. Für alle die genannten Formen gilt der gleiche Name »Zuckermännel«.

Quellennachweis

Texte – Wilhelm von Kügelgen, Weihnachtsfest unter der Sixtinischen Madonna, aus: W. v. K., Jugenderinnerungen eines alten Mannes, Leipzig 1954 – Wolf von Metzsch, Ein Ruderboot für die Prinzen, aus: W. v. M., Friedrich August III., Berlin 1906 – Friedrich Nietzsche, »Das ist nur eine matte Nachahmung«, aus: Friedrich Nietzsches Briefe an Mutter und Schwester, Leipzig o. J. – Karl Rauch, Unterm Tisch ist auch noch was, aus: K. R., Der Schatten des Vaters, © Bechtle Verlag, München 1965 – Gert Fröbe, Kein rettender Weihnachtsengel, aus: G. F., Auf ein Neues, sagte er …, © Albrecht Knaus Verlag GmbH, München/Hamburg 1988 – Wolfgang Mischnick, Dresdner Stollen bis Ende Januar, aus: W. M., Von Dresden nach Bonn, © Deutsche Verlags-Anstalt GmbH, Stuttgart 1991 – Erich Kästner, Konkurrenzkampf unterm Tannenbaum, aus: E. K., Als ich ein kleiner Junge war, © Atrium Verlag, Zürich 1996 – Dieter Zimmer, Eine gebrauchte Kindheit, aus: D. Z., Deutsches Allerlei, © Hohenheim Verlag GmbH, Stuttgart/Leipzig 2003 – Erich Loest, Mei Arzgebirg, aus: E. L., Es geht seinen Gang oder Mühen in unserer Ebene, © Linden Verlag, Leipzig 1990 – Bernd-Lutz Lange, Lebkuchen im Badeanzug, aus: B.-L. L., Es bleibt alles ganz anders, © Hohenheim Verlag GmbH, Stuttgart/Leipzig 2000 – Christoph Grauwiller, Türken, Klöße und Slowaken, aus: Seiffener Kostbarkeiten, Liestal/Schweiz 1984 – Friedrich Barthel, Moosmänner und Zuckermännle, aus: F. B. (Hrsg.), Wie iech miech af Weihnachten fraa, Leipzig 1974.

Illustrationen – Seite 13: Gudrun Beier – Seite 37: Max Pickel – Seiten 57 und 72: Niels Gormsen.

In Fällen, in denen Rechteinhaber oder ihre Anschriften bis zur Drucklegung nicht ermittelt werden konnten, bleiben die Honoraransprüche der Autoren oder ihrer Erben selbstverständlich gewahrt.